Friedrich Adolf Trendelenburg

Lücken im Völkerrecht

Betrachtungen und Vorschläge aus dem Jahre 1870

Friedrich Adolf Trendelenburg

Lücken im Völkerrecht
Betrachtungen und Vorschläge aus dem Jahre 1870

ISBN/EAN: 9783741129377

Hergestellt in Europa, USA, Kanada, Australien, Japan

Cover: Foto ©ninafisch / pixelio.de

Manufactured and distributed by brebook publishing software
(www.brebook.com)

Friedrich Adolf Trendelenburg

Lücken im Völkerrecht

Lücken im Völkerrecht.

Betrachtungen und Vorschläge

aus dem Jahre 1870.

Jedermann wünscht Deutschlands
Zukunft soll sie erfüllen.

Von

Adolf Trendelenburg.

Leipzig

Verlag von S. Hirzel

1870.

I. Das Völkerrecht, das des positiven Elements vielfach entbehrt, ist immer und zwar mehr als jeder andere Zweig des Rechts, in Theorie und Praxis auf das Naturrecht zurückgegangen. Anderthalb Jahrhunderte hindurch beriefen sich die Staaten, wenn Fragen im Völkerrecht streitig wurden, vornehmlich auf Hugo Grotius und suchten in ihm die gemeinsame Norm des Rechts; ja sie stützen sich noch gegenwärtig gern auf ihn. Vattel, dessen Ansehn bis heute Bedeutung hat, steht auf dem Grunde von Christian Wolfs, des deutschen Philosophen praktischer Philosophie. In Deutschland finden wir heute am gewissesten und ebesten in Kant, dessen Lehre überhaupt, mittelbar und unmittelbar, in der Gestaltung des modernen Rechts mitwirkte, eine gemeinsame Basis. Daher sei es uns erlaubt, an Kant anzuknüpfen und in ihm den allgemeinen Boden, der zur Verständigung nöthig ist, zu suchen.

Schon in frühen Zeiten ist der ewige Frieden nicht blos in weichen Seelen, sondern auch in starken aber tiefen Gemüthern, wie z. B. im Propheten Jesaias (II, 2 ff.), oder in stoischen Philosophen, ein Gegenstand des Verlangens oder der Sehnsucht. Aber Kant geht weiter, er erklärt ihn für eine Aufgabe der praktischen Vernunft, und somit für einen Gegen-

1*

ſtand der Pflicht. Denn es iſt Unvernunſt, den Krieg als
einen Rechtsgang gelten zu laſſen, da es ſich an ſich wider-
ſpricht, daß Gewalt über das Recht entſcheiden könne (Kants
Werke nach der Ausg. von Roſenkranz VII, 1, S. 249. S. 257).
Die völlige Entwickelung der in die Menſchheit gelegten Anlagen erfordert einen weltbürgerlichen Zuſtand des Friedens als
den Schoos, in welchem ſie allein gedeihen kann (VII, 1, S. 332).
In jenem Gedanken verbietet die Vernunſt den Krieg, in dieſem
fordert ſie den Frieden.

In dieſem Sinne ſchrieb Kant mitten in den unruhigen
Eindrücken, welche die durch die franzöſiſche Revolution herbei-
geführten Kriege auf Europa machten, ſeinen „philoſophiſchen
Entwurf" „zum ewigen Frieden". Es war vor fünf und
ſiebenzig Jahren, im Jahre 1795, dem Jahre des Baſeler Friedens,
jenes Friedens, durch den ſich Preußen, an ſich in ſchwerer Lage,
von dem deutſchen Reiche getrennt hatte und in eine verhängniß-
volle undeutſche Neutralität gedrängt wurde, dem Kriege auf
Kriege folgten, der Preußens und Deutſchlands Niederlage
mit verſchuldete und erſt durch Noth und Tod geſühnt werden
mußte. Das Jahr der Abfaſſung iſt daher wie eine Ironie
zum ewigen Frieden, dem Titel der Schrift. Aber Kant hat
es nicht mit den Ereigniſſen zu thun, er hat allein das, was
ſein ſoll, und was, wenn das Recht der Vernunſt ſiegt, einſt
ſein wird, im Auge. Was er ſchreibt iſt auf jene Höhe der
Betrachtung gehoben, auf welcher die Zeitbeziehungen, die man
hie und da abuten mag, faſt verſchwinden.

Der ewige Frieden iſt ihm eine Idee der Vernunſt, „das
letzte Ziel des ganzen Völkerrechts", und daher eine Aufgabe,
die nach und nach gelöſt, ihrem Ziele beſtändig näher kommt.
Das weltbürgerliche Reich des ewigen Friedens iſt die ferne
Zukunft der Weltgeſchichte und er nennt dieſe Idee in geiſt-

reicher Anspielung den Chiliasmus der Philosophie; aber, sett er hinzu, es sei ein Chiliasmus, zu dessen Herbeiführung die Idee selbst, obgleich nur sehr von Weitem, beförderlich werden könne, der also nichts weniger als schwärmerisch sei[*]). Was zu der ganzen Idee hintreibt, faßt sich in dem Gedanken zusammen, daß die Weltgeschichte dazu da ist, die Bedingungen zu schaffen, unter welchen allein alle ursprünglichen Anlagen der Menschengattung entwickelt werden können. Kant sieht darnach die Kriege als ebenso viel Versuche an, zwar nicht in der Absicht der Menschen, aber doch in der Absicht der Natur, neue und bessere Verhältnisse der Staaten zu Stande zu bringen, neue Körper zu bilden, die indessen, wenn sie sich weder in sich selbst noch neben einander erhalten können, neue ähnliche Revolutionen erleiden müssen, bis endlich einmal, theils durch die bestmögliche Anordnung der bürgerlichen Verfassung innerlich, theils durch eine gemeinschaftliche Verabredung und Gesetzgebung äußerlich ein Zustand erreicht wird, der, einem bürgerlichen Gemeinwesen ähnlich, sich selbst erhalten kann. Dieser Grundgedanke, ebenso einfach als wahr, hebt uns mitten in dem Getriebe der leidenschaftlichen Ereignisse, mitten in dem blutigen Kampf kurzsichtiger Absichten und selbstsüchtigen Begehrens zu einer Höhe, von welcher her wir diese Anstrengungen auf Leben und Tod wider ihr Wissen und Wollen einem großen Gange der Weltgeschichte dienen sehen. Kant selbst nennt eine solche Betrachtung eine Rechtfertigung der Natur oder besser, sagt er, der Vorsehung.

In der Moral sieht Kant nicht rechts nicht links; ihn kümmert es nicht, wie es neben ihm in der Welt zugeht; er

---

[*] In der Schrift: „Idee zu einer allgemeinen Geschichte in weltbürgerlicher Absicht" VII, 1, S. 330.

vertraut der Idee der Vernunft. Man mag die kantische Vision des ewigen Friedens belächeln, da weder die Geschichte, die ihre Bücher mit Schlachten füllt, noch die Gegenwart, die in ihren Zeitungen die Gemüther durch wirkliche oder drohende Kriege in Spannung hält, so ausschweifenden Hoffnungen das Wort redet. Aber wenn das Ideal vernünftig ist, so bleibt es wahr; und sollten auch die Thatsachen es verleugnen, behält es dennoch Recht. „Wenn z. B.", sagt Kant einmal vom Ideal, „jeder löge, wäre deßhalb das Wahrreden eine Grille?"

Hiernach ist der ewige Frieden eine ethische Forderung. Daher sucht Kant die Auflösung der Aufgabe nicht in wechsel- seitigem Eigennutz, wie in Interessen des Handels, die mit dem Kriege unverträglich sind, sondern in dem reinen Begriff der Rechtspflicht, welche, wie das Recht, auf die allgemeinen Be- dingungen gerichtet ist, daß die Freiheit (Willkür) des einen mit der Freiheit des andern, also im Völkerrecht die Freiheit des einen Volks mit der Freiheit des andern nach einem Gesetze zu- sammen bestehen könne. Das Recht muß dem Menschen heilig gehalten werden; niemand darf es halbiren oder ein Mittelding zwischen Recht und Nutzen aussinnen. Die wahre Politik kann insofern keinen Schritt thun, ohne vorher der Moral gehuldigt zu haben (S. 283).

In diesem Sinne schreibt Kant Friedensartikel und schon seine Präliminarartikel zum ewigen Frieden sind so gehalten, daß er drei derselben als solche bezeichnet, welche streng und ohne Unterschied der Umstände bestehn, mithin sittlicher Na- tur sind.

1. „Es soll kein Friedensschluß für einen solchen gelten, der mit einem geheimen Vorbehalt des Stoffs zu einem künf- tigen Kriege gemacht worden ist;" denn ein solcher Friedens- schluß wäre nur Waffenstillstand, Aufschub der Feindseligkeiten,

aber kein Friede. Ein heimlicher Vorbehalt ist unter der Würde der Regenten.

2. „Kein Staat soll sich in die Verfassung und Regierung eines andern Staates gewaltthätig einmischen;" denn was kann ihn dazu berechtigen? Etwa das Skandal, das ein Staat den Unterthanen eines andern Staates giebt? Es kann dieses vielmehr durch das Beispiel der großen Uebel, die sich ein Volk durch seine Gesetzlosigkeit zugezogen hat, zur Warnung dienen, und überhaupt ist das böse Beispiel, das eine freie Person der andern giebt, keine Läsion derselben. Diese Worte, welche aus der Achtung der Freiheit im Rechtsbegriff geschrieben sind, bezeichnen das Gegentheil jener Politik als vernünftig, welche damals an der Tagesordnung war; denn verbündete Mächte mischten sich in die Angelegenheiten des von der Revolution ergriffenen Frankreichs ein. Fast scheint es, als ob bei obigen Worten das Manifest des Herzogs Ferdinand von Braunschweig vor seinem Feldzug in die Champagne dem Geiste Kants vorschwebte.

3. „Es soll sich kein Staat in einem Kriege mit einem andern solche Feindseligkeiten erlauben, welche das wechselseitige Zutrauen im künftigen Frieden unmöglich machen müßten, als da sind Anstellung von Meuchelmördern, Giftmischern, Brechung einer Capitulation, Anstiftung von Verrath in dem bekriegten Staat" u. s. w.

In diesen drei unbedingten Präliminarartikeln, welche die Vorbedingungen des ewigen Friedens sind, erkennen wir das Sittliche als die Grundlage: in dem ersten ehrliche Friedensgesinnung im Friedensvertrage und die Vorstellung von der Würde der Regenten, im zweiten die Achtung für die Freiheit der Person, die der Staat ist, im dritten solche Handlungsweise in der Kriegsführung, welche für den künftigen Frieden das Vertrauen nicht verscherzt.

Andere drei Präliminarartikel gehören, diesen unbedingten gegenüber, dem durch die Umstände bedingten Gebiete des Zweckmäßigen an und ihre Ausführung mag verschoben werden, wie z. B. die Abschaffung der stehenden Heere, das Verbot, ferner in Bezug auf äußere Staatshändel Staatsschulden zu machen. Zu denselben aufschiebbaren Artikeln rechnet Kant eine Präliminarbedingung, welche dahin lautet, es soll kein für sich bestehender Staat (einerlei ob klein oder groß) von einem andern Staate durch Erbung, Tausch, Kauf oder Schenkung erworben werden können. Kant leitet dies Verbot aus dem Begriff der Person ab, denn wollte man das Gegentheil zugeben, so hieße das, die Existenz des Staates als einer moralischen Person aufgeben und aus ihr eine Sache machen, was der Idee des ursprünglichen Vertrages, ohne welche sich nach Kants Ansicht kein Recht über ein Volk denken läßt, widersprechen würde. Kant hält den Artikel darum für aufschiebbar, weil er nur eine Erwerbungsart, die nicht gelten solle, und nicht den zur Zeit der Erwerbung für rechtmäßig gehaltenen Besitzstand angehe. Auch hier könnte man eine Zeitbeziehung erkennen wollen, denn gegen das Princip dieses Artikels hatten nicht blos frühere Verträge, sondern auch der Baseler Frieden gefehlt.

Nach diesen vorgängigen Artikeln schreibt Kant drei Definitivartikel zum ewigen Frieden vor.

Der erste lautet: „Die bürgerliche Verfassung in jedem Staat soll republikanisch sein." Dieser Ausdruck ist, soll er nicht mißverstanden werden, in der Bedeutung, die er bei Kant hat, zu nehmen. Ihm ist die republikanische Verfassung nicht die Herrschaft Aller als Volksgewalt; sie hat ihm einen

allgemeineren Sinn; er sieht sie da, wo drei Stücke gewahrt
sind, erstens: Freiheit der Glieder der Gesellschaft als Menschen, zweitens: die Abhängigkeit Aller von einer einzigen gemeinsamen Gesetzgebung, als Unterthanen, drittens: eine nach
dem Gesetz der Gleichheit derselben als Staatsbürger gestiftete
Verfassung. Im Gegensatz gegen den Despotismus, in welchem
der öffentliche Wille von dem Regenten als sein Privatwille
gehandhabt wird, ist der Republikanismus das Staatsprincip
der Absonderung der ausführenden Gewalt (der Regierung) von
der gesetzgebenden; und alle Regierungsform, die nicht repräsen-
tativ ist, ist eigentlich eine Unform, weil der Gesetzgeber in
einer und derselben Person nicht zugleich Vollstrecker seines
Willens sein kann*). Eine solche republikanische Verfassung,
aus dem reinen Quell des Rechtsbegriffs entsprungen, trägt die
Aussicht auf den ewigen Frieden in sich. Denn in einer solchen
Verfassung würde die Bestimmung der Staatsbürger dazu erfordert, ob Krieg sein soll oder nicht. Da sie nun alle Trang-
sale des Krieges über sich selbst beschließen müßten, als da sind:
selbst zu fechten, die Kosten des Krieges aus ihrer eigenen Habe
herzugeben, die Verwüstung, die er hinter sich läßt, kümmerlich
zu verbessern, zum Uebermaße des Uebels endlich noch eine den
Frieden selbst verbitternde, wegen naher neuer Kriege nie zu
tilgende Schuldenlast selbst zu übernehmen: so würden sie sich
sehr bedenken, ein so schlimmes Spiel anzufangen (VII, 1,
S. 243).

Der zweite Definitivartikel zum ewigen Frieden lautet:
„Das Völkerrecht soll auf einen Föderalism freier Staaten ge-
gründet sein." Im freien Verhältniß der Völker blickt die Bös-

---

*) VII, 1, S. 249, vgl. metaphysische Anfangsgründe der Rechtslehre
1796, § 52, IX, S. 19.

artigkeit der menschlichen Natur unverhohlen hervor und Kant vergleicht Völker als Staaten mit Menschen im Naturzustande. In dieser Unabhängigkeit von äußern Gesetzen können sie sich schon durch ihr bloßes Nebeneinander verletzen. Wie gesetzlose Wilde, sind sie gegen einander in einem nicht rechtlichen Zustande, in einem Zustande des Krieges, in welchem das Recht des Stärkeren gilt, selbst wenn keine wirkliche Befehdung statt hat. Ein solcher Zustand ist an sich unrecht, aus welchem die einander benachbarten Staaten herauszugehen verbunden sind. Jeder kann und soll um seiner Sicherheit willen von dem andern fordern, mit ihm in eine der bürgerlichen ähnliche Verfassung zu treten, wo jedem sein Recht gesichert werden kann. Es wird daher nach der Idee eines ursprünglichen gesellschaftlichen Vertrages ein Völkerbund nothwendig, der auf Erhaltung und Sicherung der Freiheit eines Staats für sich selbst und zugleich für die andern verbündeten Staaten gerichtet ist. Wenn sich ein solcher Völkerbund wesentlich gegen äußere Angriffe bildet, so handelt es sich in ihm weiter um das Verhältniß der Staaten in ihren Beziehungen unter einander. Aus dem gesetzlosen Zustande, der lauter Krieg enthält, kommen sie nur heraus, wenn sie ebenso wie einzelne Menschen ihre wilde Freiheit aufgeben und sich zu öffentlichen Zwangsgesetzen bequemen. Daraus würde ein freilich immer wachsender Völkerstaat (civitas gentium) hervorgehen, der zuletzt alle Völker der Erde umfassen müßte. Da indessen die allzugroße Ausdehnung eines solchen Völkerstaates über weite Landstriche die Regierung desselben, mithin auch den Schutz eines jeden Gliedes unmöglich machen würde, aber eine Menge solcher Staatskörper wiederum einen Kriegszustand herbeiführen müßte, so ist der ewige Friede, das letzte Ziel des ganzen Völkerrechts, freilich eine unausführbare Idee. An Stelle des positiven Begriffs einer solchen Weltrepublik kann daher nur das negative Surrogat eines den Krieg abwehrenden und sich immer ausbreitenden Bundes den Strom der rechtscheuenden feindlichen Neigung aufhalten, wenn gleich mit beständiger Gefahr ihres Ausbruchs. So tritt an die Stelle des weltbürgerlichen Gesellschaftsbundes als Ersatz der freie Föderalism, den die Vernunft mit dem Begriff des Völkerrechts nothwendig verbindet muß *).

Man kann, sagt Kant, einen solchen Verein einiger Staaten, um den Frieden zu erhalten, den permanenten Staatencongreß nennen, der keine bleibende Verbindung verschiedener Staaten, sondern eine willkürliche, zu aller Zeit ablösliche Zusammentretung bezeichnen soll. Jedem benachbarten Staate bleibt es unbenommen sich anzuschließen. Kant beruft sich dabei auf ein Beispiel in der ersten Hälfte des vorigen Jahrhunderts, wo, wie er sagt **), in der Versammlung der Generalstaaten im Haag die Minister der meisten europäischen Höfe und selbst der kleinsten Republiken, zur Erhaltung des Friedens, ihre Beschwerden über die Befehdungen, die einem von dem andern widerfahren waren, anbrachten und so sich ganz Europa als einen einzigen föderirten Staat dachten, den sie als Schiedsrichter annahmen, statt dessen, sagt Kant, späterhin das Völkerrecht blos in Büchern übrig geblieben, aus Cabinetten aber verschwunden oder nach schon verübter Gewalt in Form der Deductionen der Dunkelheit anvertraut worden ist.

Kants dritter Definitivartikel zum ewigen Frieden bestimmt: „das Weltbürgerrecht soll auf Bedingungen der allgemeinen Hospitalität eingeschränkt sein." In diesen Worten liegt zufolge der

---

*) VII, 1, S. 851; vgl. Rechtslehre § 54, § 61, welche letzte Darstellung zum Theil bündiger ist als die früher geschriebene erste.
**) Metaphysische Anfangsgründe der Rechtslehre § 61.

Ausführung zweierlei. Erstens: Jedem Fremdling steht das Recht, zu wegen Ankunft auf dem Boden eines Andern nicht feindselig behandelt zu werden. Er darf, wenn es ohne seinen Untergang geschehen kann, abgewiesen werden; so lange er aber auf seinem Platze sich friedlich verhält, darf ihm der Andere nicht feindlich begegnen. Zweitens: Dies Recht ist Besuchsrecht, das Allen zukommt, ein Recht sich zur Gesellschaft anzubieten, aber es darf kein Eroberungsrecht werden, wie sich ein solches in dem inhospitalen Betragen der handeltreibenden Staaten zu Gunsten ihrer Niederlassungen in Amerika, Ostindien u. s. w. gezeigt hat; auch ist es kein Gastrecht, worauf der Ankömmling Anspruch machen könnte, denn dazu würde ein besonderer wohlthätiger Vertrag erfordert werden, ihn auf eine gewisse Zeit zum Hausgenossen zu machen. Dieses Recht einer durchgängigen friedlichen Gemeinschaft aller Völker auf Erden, die unter einander in wirksame Verhältnisse kommen mögen, kann, sofern es auf gewisse allgemeine Gesetze ihres möglichen Verkehrs geht, das weltbürgerliche genannt werden.*)

Schließlich sucht Kant, um die Einhelligkeit der Politik mit der Moral zu erweisen, in Uebereinstimmung mit jenem Gedanken seiner Philosophie, in welchem er durchweg in der allgemeinen Form das Vernünftige erblickt und durch sie den nur empirisch gegebenen Stoff zu bestimmen trachtet, eine Formel zur Bestimmung des öffentlichen Rechts. Da im öffentlichen Recht die Gerechtigkeit nur als öffentlich kundbar gedacht werden kann, so muß jeder Rechtsanspruch die Möglichkeit der Publicität in sich tragen. Daher lautet die Formel des öffentlichen Rechts: „alle auf das Recht anderer Menschen bezogene Handlungen, deren Maxime sich nicht mit der Publicität ver-

*) VII, 1, S. 243; vgl. Rechtslehre § 62.

trägt, sind unrecht. Dieses Princip, sagt Kant, ist nicht blos
als ethisch, sondern auch als juridisch (das Recht des Menschen
angehend) zu betrachten. Daß es ethisch sei, führt er nicht
weiter aus; aber man sieht leicht, daß diese Formel, wenn
gleich nur in dem Ausdruck einer äußerlichen Probe, Verwandtes
enthält, wie der kategorische Imperativ als Princip der Ethik.
Wenn nämlich in diesem als Quelle aller Pflicht das unbedingte
Gebot ergeht, so zu handeln, daß die Maxime unseres Willens
Princip einer allgemeinen Gesetzgebung sein könne, so tritt in
der Formel des öffentlichen Rechts wie ein Vertreter der allge=
meinen Gesetzgebung die Publicität auf. Die juridische Be=
deutung erklärt Kant auf folgende Weise: "Eine Maxime, die
ich nicht darf laut werden lassen, ohne dadurch meine eigene
Absicht zugleich zu vereiteln, die durchaus verheimlicht werden
muß, wenn sie gelingen soll, und zu der ich mich nicht öffent=
lich bekennen kann, ohne daß dadurch unausbleiblich der Wider=
stand Aller gegen meinen Vorsatz gereizt würde, regt dieser
Widerspruch Aller nur durch die Ungerechtigkeit auf, womit sie
jedermann bedroht. Indessen ist dies Princip, setzt Kant hin=
zu, nur negativ, d. h. es dient nur um vermittelst desselben,
was gegen Andere nicht recht ist, zu erkennen. Für ein be=
jahendes Princip des öffentlichen Rechts schlägt Kant die For=
mel vor: "alle Maximen, die der Publicität bedürfen, um ihren
Zweck nicht zu verfehlen, stimmen mit Recht und Politik ver=
einigt zusammen." Denn, wenn sie nur durch die Publicität
ihren Zweck erreichen können, so müssen sie dem allgemeinen
Zweck des Publikums (der Glückseligkeit) gemäß sein, womit zu=
sammenzustimmen (es mit seinem Zustande zufrieden zu machen)
die eigentliche Aufgabe der Politik ist. Wenn aber dieser Zweck
nur durch die Publicität, d. i. durch die Entfernung alles
Mißtrauens gegen die Maximen erreichbar sein soll, so

müssen diese auch mit dem Rechte des Publikums in Eintracht stehen; denn in diesem allein ist die Vereinigung der Zwecke Aller möglich (VII, 1, S. 291). Auf diesem Wege sichert Kant die Einhelligkeit der Politik und Moral.

Wenn Kant in diesen Bestimmungen die Publicität zu einem inneren Kriterium dessen macht, was im öffentlichen Recht als recht oder unrecht gelten müsse, so giebt er dadurch, wenn er es auch nicht sagt, Allem, was zum öffentlichen Recht gehört, einen Antrieb auf Herstellung allgemeiner Oeffentlichkeit. Einrichtungen zu diesem Zweck sind die stillschweigende Folge des Princips.

Auf die allmähliche Durchführung dieser angegebenen Grundgedanken baut Kant die Hoffnung, daß sich das Menschengeschlecht dem ewigen Frieden mehr und mehr annähern werde.

II. Es wird zweckdienlich sein, ehe wir zum Besondern übergehen, zu Lücken des Völkerrechts, die wir in diesem Jahre empfanden, diese allgemeinen Gedanken Kants mit einigen Worten zu beleuchten und uns darüber zu verständigen, was diese Vorschläge leisten können oder schon geleistet haben.

Kant trennt Recht und Moral. Die ethische Gesetzgebung ist ihm diejenige, die nicht äußerlich sein kann, weil sie Gesinnung fordert, die durchaus ins Innere fällt, während dagegen die juridische Gesetzgebung ohne Rücksicht auf die Triebfeder nur Uebereinstimmung der äußern Handlung mit dem Gesetze will und mit dem Recht die Befugniß zu zwingen verbindet. Wenn nun nach Obigem die Politik, die vielfach berufen ist, alles Recht zu schützen und neues zu gründen, in die Moral zurückgehen soll, um den ewigen Frieden zu fördern, wie Kant dies in helles Licht gesetzt hat: so ist diese Verbindung von Politik und Moral nahe daran, jene Trennung von Recht und Moral aufzuheben oder zu beschränken. Wenn das Motiv des Staatsmanns für die Feststellung eines Gesetzes ethisch sein soll, so wird es, wenn möglich, die Absicht sein, daß sich auch das Motiv der Ausübenden in derselben Gesinnung gründe, was erreicht wird, wenn das Volk sich in das Gesetz einlebt und es liebgewinnt.

Wenden wir diese Norm der Trennung auf den ersten Präliminarartikel an, der ehrliche Friedensgesinnung im Friedens- vertrage fordert und beim Friedensschluß Liebe zum Frieden zur Bedingung macht: so scheidet er, obgleich als ein Artikel des Rechts gedacht, aus dem Völkerrecht aus und fällt lediglich in die Moral des Staats. Die Erfüllung dieses Artikels entzieht sich im Acte des Friedensschlusses jeder Controle; denn daß ein heimlicher Vorbehalt gemacht und nur ein Waffenstillstand, aber kein Frieden beabsichtigt wurde, läßt sich meistens nur im Lauf der folgenden Ereignisse erkennen, in welchen Hintergedanken aus der Verborgenheit hervorzutreten pflegen. Ebenso wenig ist aufrichtige Gesinnung der Friedensliebe erzwingbar. Der erste Präliminarartikel hat also nicht die Natur eines Rechtssatzes.

Der zweite Präliminarartikel, der, wie wir sahen, einem Staat die gewaltthätige Einmischung in fremde innere Ange- legenheiten verbietet, entspringt bei Kant aus der Achtung für die Person im Staat; und ist insofern ein Satz der Völker- moral, der, abgesehen von aller Erfahrung, an und für sich a priori gelten soll. Erst spät, nachdem die Staaten durch Mißerfolge von Interventionen gewarnt waren, wurde der Satz allmählich allgemeinere Maxime einer gesunden Politik. Das Gute, das der Philosoph a priori vorschrieb, und das Kluge, das die witzigende Erfahrung lehrte, trafen zusammen und eine solche Uebereinstimmung des Guten und Klugen wird im letzten Sinne überhaupt gelten. Dies Beispiel giebt uns zu Kants Lehre von der Einhelligkeit der Politik und Moral Vertrauen

und diese Lehre unterstützen die alten Philosophen, welche dar-
thun, daß dieselben Tugenden, welche den Einzelnen vollenden,
den Staat groß machen.

Es ist erfreulich, daß Kants Satz der Völkermoral in der
Ausübung Boden gewonnen hat. Indessen, daß die Pflicht der
andern Staaten, im Interesse Aller den Artikel gegen frevelnden
Bruch zu wahren, noch keine Macht im Rechtsbewußtsein der
Staaten hat, beweist das Jahr 1870, in welchem ein festes
Wort der größeren Staaten, z. B. Englands, gegen die Ein-
mischung in die Entwickelung Deutschlands dem blutigen Ringen
zweier Völker hätte zuvorkommen können.

Der angeführte dritte Präliminarartikel, der ehrlose Mittel
der Feindseligkeiten verbietet, hat das Aussehn eines Rechtssatzes, ähnlich einem Gesetze im Criminalrecht; aber wenn ein
Verbot im Criminalrecht sich durch die Strafe Macht verschafft
und dadurch im Rechtsbewußtsein durchsetzt, fehlt im Völkerrecht ein solcher Zwang. Retorsion, d. h. Wiedervergeltung des
Gleichen mit Gleichem, hieße in diesem Falle das Ehrlose im
Kriege einbürgern und der Terrorismus der Repressalien steigert
sich leicht bis zur Härte und Grausamkeit und verfehlt über-
dies den Eindruck, wenn die Stimmung, auf die er wirken will,
bis zur verzweifelten Todesverachtung gediehen ist. Dieser Artikel muß zu seiner Sicherung auf Scheu und Scham vor der
öffentlichen Meinung rechnen. Allein diese Voraussetzung ist
zweifelhaft, denn in der Erregung der nationalen Leidenschaft
wechseln die sittlichen Begriffe des Volks ihren Namen und ihre
Geltung. Die Leidenschaft, sei sie Zorn und Wuth oder Furcht
und Verzweiflung oder, wie in der nationalen Gefahr, eine Erregung, in der sich beides mischt, will immer den nächsten
Weg zu ihrem Ziele; sie drängt daher jedes sittliche Bedenken und
die Wörter, die es ausdrücken, bei Seite und indem sie Spiegel-

bilder der Ehre und des Ruhmes vorgaukelt, adelt sie das Ehrlose mit Namen des Edeln. Vertragsbruch und sogar Meuchel-
mord in größtem Umfang, wie sie beide da vorkamen, wo ein
in der Capitulation einer Festung überlieferter Pulverthurm
beim Einzug der Sieger zu ihrem Verderben heimlich gesprengt
wurde, werden in solcher Aufregung als Heldenmuth und Ver-
dienst um das Vaterland gelobt. Bruch des gegebenen Ehren-
worts, wenn Officiere um den Preis der Freiheit sich verpflichten
nicht weiter zu fechten, wird als Vaterlandsliebe gefordert und
Schande setzt sich auf solche Weise in Ehre um. So ist auch
dieser Artikel weniger ein Satz des Völkerrechts als der Völkermoral.

Wir übergehen die Artikel, welche ein stehendes Heer und
Staatsschulden für auswärtige Händel verbieten. Es hängt von
den Nachbarstaaten ab, ob und wie weit es zweckmäßig ist zu
entwaffnen. Nur wenn stehende Heere allgemein abgeschafft
würden, wäre der Satz überhaupt ausführbar. Bei einem Kampf
um das Dasein sind selbst Staatsschulden kein zu hoher Preis
für die Freiheit. Kant hat beiden Artikeln nur einen relativen
Werth zugesprochen.

Der Präliminarartikel endlich, der so lautet, daß kein für
sich bestehender Staat von einem andern durch Erbung, Kauf,
Tausch oder Schenkung soll erworben werden, entspringt bei
Kant aus der Achtung vor der Person im Staate und in den
Menschen; Land und Leute sollen nicht wie eine Sache ver-
äußert werden. Niemand verkennt das allgemeine Motiv, aber
der Satz leidet in seiner Fassung an Mangel der Begrenzung.
Weder wird näher bestimmt, was ein für sich bestehender Staat
sei, welche Bedingungen ein Staat erfüllen müsse um unab-
hängig (für sich bestehend) zu sein, noch werden die Fälle unter-
schieden, in welchen das Erbrecht der Fürsten eine dem Staate

2

heilsame Nothwendigkeit ist. Das Motiv ist mehr durchgedrungen, als der ausnahmslos gefolgerte Satz.

Die Definitivartikel stützen die Ausführbarkeit der Präliminarartikel, theils in der Forderung der Repräsentativverfassung, theils in der Forderung eines Völkerbundes für die Zwecke des Rechts und des Friedens. Diese beiden Artikel sind ohne Frage die wichtigsten und geben den übrigen Halt; jener, der eine repräsentative Verfassung verlangt, bezeichnete zu Kants Zeit eine Lücke im Staatsrecht, heute zum großen Theil nicht mehr; dieser, der für einen Völkerbund einen permanenten Staatencongreß vorschlägt, hat es noch nicht einmal zu einem ernstlichen Versuch gebracht und bezeichnet noch heute eine Lücke im Völkerrecht.

Der dritte Definitivartikel, der als Weltbürgerrecht ein allgemeines Besuchsrecht gründen will, bleibt in so fern mehr ein Satz der Moral, als der Schutz eines solchen Besuchsrechts, z. B. in fernen Welttheilen, selbst von einem Völkerbunde kaum ausgeübt werden könnte.

Als Kant den ersten Definitivartikel schrieb, und darin Repräsentativverfassungen forderte, zugleich auch auf Publicität hinwirkte, bezeichnete er Ausführbares. Die constitutionelle Form der meisten heutigen europäischen Staaten entspricht dem, was Kant wollte, und an Oeffentlichkeit fehlt es nicht. Von beiden hoffte er eine wesentliche Hülfe für den Frieden der Völker. Freilich gehen seine Gründe für diesen Glauben nicht tief; denn er entnimmt sie aus der gemeinen Seite der menschlichen Natur, er rechnet auf die allgemeine Stimme des eigenen Nutzens, indem er die Zustimmung der einzelnen Staatsbürger zu einem Kriege mit seinen Gefahren, Lasten und Schrecken für kaum möglich hält. Ferner ist Kants Voraussetzung, daß die Zustimmung der Staatsbürger bei der Frage, ob Krieg oder Frieden sein solle, in den Repräsentanten direkt vertreten sein müsse, an und für sich unzulässig. Oeffentliche Verhandlungen und Collektivbeschlüsse über Krieg und Frieden verrathen dem Feinde mehr als er wissen darf; sie zeigen ihm Blößen, in die er hineingreifen kann; sie geben ihm die Gelegenheit Parteien für sich zu benußen und in dem gegenüberstehenden Staate Zwietracht zu säen und zu nähren; sie geben ihm dadurch Mittel zum Siegen in die Hand. Eine Entscheidung von solchem Gewicht darf überhaupt keiner vielköpfigen Versammlung zufallen. Auch täuscht Kants Voraussetzung, daß im repräsentativen Staat kein Staatsbürger zum Kriege seine Zustimmung geben werde. In diesem Jahre wurde eine constitutionelle Verfassung durch ein Plebiscit sanctionirt und als sie wenige Wochen darauf in der Frage, ob Krieg oder Frieden, eine Probe zu bestehen hatte, stimmten im gesetzgebenden Körper Alle, Mann für Mann, äußerst wenige ausgenommen, für den Krieg und noch dazu blind und ohne Kritik, aus einem Grunde, den ganz Europa als ungerecht und eitel verdammte. Sie wußten nicht, was sie thaten. Die Publicität, die Kant im öffentlichen Recht für ein Kennzeichen dessen erklärte, was recht oder unrecht sei, sündigte gegen das eigene Volk und gegen die ganze gesittete Welt. Indessen wo Scham und Wahrheit fehlen, kann die Publicität, statt durch die öffentliche Meinung den Frieden zu hüten, vielmehr zum Anreiz des Hasses, zur Entflammung nationaler Leidenschaft gebraucht werden. Die repräsentative Form der Verfassung wird ohne Frage in vielen Fällen Kriege um kleine Interessen, um eitle dynastische Angelegenheiten und dergleichen verhüten, aber allein thut sie es nicht; erst in dem sittlichen Geist eines Volkes und der Regierung gewinnt sie ihre große Bedeutung.

Der zweite Definitivartikel verlangt zur Erhaltung des

2*

Friedens einen Föderalism freier Staaten. Wenn oben gezeigt wurde, daß die Präliminararartifel, soweit sie zum Recht
als solchem gehören, um als Macht zu gelten, eine zwingende
Gewalt gegen zuwiderhandelnde Staaten stillschweigend vor-
aussetzten, so ist in diesem Artikel diese Voraussetzung erfüllt.
Zwar unterscheidet Kant den Völkerbund vom Völkerstaat, in
welchem die Staaten eigentliche Glieder wären und ihre wilde
Freiheit aufgeben würden, um sich zu öffentlichen Zwangsgesetzen zu bequemen. Einen solchen hält er, zumal er sich seiner
Idee nach über die ganze Erde erstrecken müßte, nicht für ausführbar. Aber der Völkerbund tritt als ein gewisser Ersatz des
streng zur Einheit gebundenen Völkerstaates ein. Er soll den
Krieg abwehren, die Recht scheuende, feindselige Neigung aufhalten, wenngleich mit beständiger Gefahr ihres Ausbruchs. Aber
wodurch läßt sich der Krieg, wenn die friedlichen Mittel ver-
sagen, abwehren? wodurch läßt sich der drohende Ausbruch der
feindseligen Neigungen aufhalten? Zuletzt nur durch die
Waffen in der Hand, d. h. durch den Krieg.

Die feindseligen Neigungen der Völker entzünden sich vornehmlich an dem Besitzstand und der Verfassung benachbarter
Staaten. Der Völkerbund hätte daher die Aufgabe diese zu
wahren. Wenn vorausgesetzt werden könnte, daß jeder Staat eine
dem Volk adäquate und gerechte Verfassung habe, ferner, daß in
einem Bundesstaat, wie z. B. unlängst in Nordamerika, kein
sittlicher Zwiespalt über die Berechtigung aller Menschen zu
bürgerlicher Freiheit, oder in einem Staatenbunde, wie weiland
dem deutschen, kein Mißverhältniß von Pflichten und Rechten,
z. B. von der Pflicht und der Last der Vertheidigung zum
Gewicht in der Abstimmung, kein Mißverhältniß der wechsel-
seitigen Leistungen und Gegenleistungen entstehen könnte: so
würde Verbürgung des Besitzstandes und der Verfassungen die

Bestimmung eines solchen Staatenbundes sein können. Aber die Thatsachen der Staatengeschichte widersprechen diesen und ähnlichen Voraussetzungen.

Die Krisen der Weltgeschichte entstehen durch so tief liegende Conflicte, daß sie sich einem Schiedsspruch fremder Staaten kaum unterwerfen lassen. Wenn man zur Beilegung alles Völkerhaders ein Schiedsgericht für möglich hält, so vergißt man zweierlei. Im Staate lernt das Individuum von Kind auf der Selbsthülfe zu entsagen und doch wird es noch dem Manne bei erfahrener Beleidigung schwer diese Entsagung zu üben. In Deutschland bedurfte es langer Zeit die Selbsthülfe im Landfrieden zu bannen. Eine solche Selbstüberwindung werden Nationen, die sich als solche mächtig fühlen und sich innerhalb ihrer selbst frei bestimmen, noch schwerer lernen. Es würde eine lange Schule dazu gehören, ehe die Staaten die Unterwerfung unter ein völkerrechtliches Schiedsgericht über sich gewönnen. Immer würden sie meinen, daß Parteilichkeit und Eifersucht, Eigennutz und nicht Gerechtigkeit den Schiedsspruch eingegeben habe. Ferner wird ein Schiedsgericht nach der Natur der Sache, höchstens wo es sich um Verletzung von Verträgen handelt, also im Vertrag eine Norm der Entscheidung vorliegt, an seinem Orte sein. Anders ist es, wenn die Entwickelung der Dinge dahin drängt, daß ein neues Rechtsverhältniß zwischen Staaten geschaffen werden muß. Nur was im Völkerconflict juristischer Natur ist, wird überhaupt einen Schiedsspruch zulassen. Was darüber hinaus geht, wie die Entwickelung eines Volks, die nationale Gesinnung, entzieht sich richterlicher Entscheidung. Wo das Nationale hineinspielt, ist alles so individuell, daß jede Nation der andern das Verständniß dafür abzusprechen geneigt ist.

Der Schiedsspruch bedarf ferner einer vollstreckenden Macht,

und das heißt nichts anderes, als daß gegen den Widerstrebenden Krieg zu führen ist.

Der Abt St. Pierre, der schon 1715 in seinem mémoire
pour rendre la paix perpétuelle en Europe einen europäischen Staatenbund zur Verbürgung des Besitzstandes und
der Verfassung vorschlug, sagt in seinem Entwurf offen und
unverhohlen: Wer die Aussprüche des Bundes nicht anerkennt,
Kriegsvorbereitungen trifft, Verträge gegen den Bund schließt
u. s. w. wird in die europäische Acht gethan und mit allen
Mitteln zum Gehorsam gezwungen. So wird der Krieg durch
einen Völkerbund vielleicht zurückgeschoben, aber bleibt in letzter
Linie unvermeidlich.

Jene Versammlung der Generalstaaten in der ersten Hälfte
des vorigen Jahrhunderts, bei welcher Staaten Europa's Strei-
tigkeiten austrugen, mag als freigewähltes Schiedsgericht für
Fälle erscheinen, welche sich dazu eigneten. Das Beispiel, das
Kant für seine Gedanken ideal deutete, reicht schwerlich weiter.
Auch Kants Föderalism wird zwar ohne Krieg für das Recht
vermitteln können; aber soll die Vermittelung Nachdruck haben,
so muß Zwang in Aussicht stehen, und will der Föderalism
nicht im letzten Augenblick das Recht im Stich lassen, muß
er zum Zwang des Krieges greifen.

Ungeachtet dieser Bedenken gegen ein eigentliches Schiedsgericht, ungeachtet der Föderalism zum Zwecke des Friedens
sich zuletzt auf den Krieg stützen muß, bleibt doch die Vereinigung der mächtigen und gesitteten Staaten der allein geeignete
Weg zu dauerndem Frieden. Nur durch eine solche Vereinigung
kann das fortschreitende Völkerrecht Macht und Ansehen gewinnen und aus ihr das Vermögen den Friedensstörer zum
Recht zu zwingen.

Aber erst wenn es gegen einen Staat Zwang gäbe ohne

Krieg, würde das Problem zum ewigen Frieden ohne Krieg zu lösen sein. Das unwiderstehliche Veto, das nach Kant die Vernunft in uns gegen den Krieg einlegt, wird durch diese Betrachtung erheblich eingeschränkt, da die Vernunft zur Wahrung des Friedens unvermeidlichen Zwang, welcher Krieg ist, anerkennen muß.

Auf dem Wege, den Kant uns weist, auf dem Wege eines Staatenbundes, der dem Krieg völkerrechtlich zuvorzukommen strebt, kann, ehe dem Krieg freier Lauf gelassen wird, Eins erreicht werden, die über alles wichtige Ueberzeugung, daß die vernünftigen Mittel zum Frieden erschöpft sind. Wenn der Frieden gewollt ist, aber der Krieg unvermeidlich wird, so hat dieser eine sittliche Bedeutung ohne ihres Gleichen. Man kann auf ihn die alten Worte des Livius anwenden: iustum bellum, quibus necessarium, et pia arma, quibus nulla nisi in armis relinquitur spes. In gutem Gewissen unternommen, wird ein solcher Krieg selbst bei ungewissem Ausgang, ein Erreger der nationalen Kraft, ein Pfleger der Vaterlandsliebe, ein Erneuerer des im Laufe der Zeit alt und morsch Gewordenen.

Immer bleibt indessen zum ewigen Frieden der drohende Krieg das Mittel. Ueberdies machen Geschichte und Psychologie es noch aus andern Gründen wahrscheinlich, daß ungeachtet aller Vorkehrungen der Krieg nicht aus der Welt verschwinden wird. Wo der Friede blüht, wird immer der Krieg lauernd im Hintergrunde stehen.

Wenn dies der Fall ist, so gilt es, dem nothwendigen Uebel Gutes abzugewinnen und aus der Noth der Menschheit eine Tugend der Völker zu machen. Dies geschieht wirklich, wenn die Schule für den Krieg eine allgemeine Schule der Tapferkeit und des Gehorsams, der strengen und prompten

Pflichterfüllung wird. Hätte der Völkerbund einen trägen Frieden zur Folge, in welchem die Manneskraft und der Mannesmuth des Staates, für das Recht einzutreten, erlahmte, so wäre es besser, die Kriege, die den Mann stählen und erproben, ungeachtet ihrer Schrecken gewähren zu lassen.

So entsteht für die Staaten eine doppelte nur scheinbar entgegengesetzte Pflicht, auf der einen Seite die Pflicht, in dem Streit der Völker um das Recht alle solche Mittel bis zum letzten hin zu versuchen, welche dem Recht, dem geraden Gegentheil der physischen Gewalt, zur Schlichtung oder Entscheidung gemäß sind, auf der andern die Pflicht, für die kriegsbereite Tapferkeit der Nation zu sorgen, ohne welche es keinen dauernden Frieden giebt.

Bis zu welcher sittlichen Höhe, bis zu welcher technischen und intelligenten Vollendung ein Staat mitten im Frieden der letzten Pflicht wahrzunehmen vermag, zeigt der Krieg dieses Jahres dem dankbaren Vaterlande und der bewundernden Welt. Dagegen zeigt derselbe Krieg in den Anfängen und im Verlauf, wie gering die Vorkehrungen des Rechts sind, Kriege zu verhüten und in Kriegsläuften die Friedlichen bei dem Rechte, das sie auf Frieden haben, zu erhalten. In dieser Richtung ist die Pflicht der Fürsorge nothwendig der Gemeinschaft aller gesitteten Staaten anvertraut, da die Völkerindividuen, eifersüchtig und spröde wie sie sind, schwer für sich allein das allen gleiche Recht finden und noch schwerer in den. schwierigsten Lagen der Staaten standhaft wahren.

Manches, was Kant als Vorbedingung zum dauernden Frieden forderte, und was damals als eine Lücke im öffentlichen Recht erschien, ist heute da, aber es reicht nicht hin, wie wir sahen, und es fehlt vor Allem an Nachdruck gegen die Widerstrebenden.

III. Das Völkerrecht hat die Aufgabe, selbst den Krieg an ein Recht zu binden und das Unrecht der ausgelassenen Gewalt namentlich in seinen auf Unbetheiligte überfließenden Seitenwirkungen einzuschränken. Im Völkerrecht sollen die Völker ihr gemeinsames Gewissen haben, und die öffentliche Meinung muß sich regen um es beständig zu wahren. Insofern ist das Völkerrecht eine große sittliche Erscheinung und in dem Maße, als in ihm Moral und Politik zusammenfallen, kann es hoffen über die Selbstsucht der Völker zu siegen und in allgemeiner Zustimmung sich zu befestigen. Alles, was das Völkerrecht sittlicher macht, dient dem sittlichen Fortschritt in der Weltgeschichte. Indem das Völkerrecht mitten in den Krieg, mitten in den aufgehobenen Rechtszustand seine Gesetze trägt, wird das Kriegsrecht, wenn auch in langsamem Gang, menschlicher. Erinnern wir uns z. B., wie sich das harte und grausame Kriegsrecht der alten und mittlern Zeit in Bezug auf Kriegsgefangene zu menschlicher Rücksicht möglichst gemildert hat, oder wie das wilde Seerecht, das zu den Zwecken des Krieges eine Art Seeraub gesetzlich machte, in letzter Zeit von Makeln gereinigt und ernstlich eingeschränkt wird. In dem Maße als der Zweck des Krieges, den Willen des feindlichen Staates zu beugen, also den öffentlichen Willen zu nöthigen, ins allgemeine Bewußtsein tritt, verwirft allmählich das Kriegs= recht die leidenschaftlichen Eingriffe gegen Private, gegen die friedlichen Einzelnen, ja es sucht sogar in Feindesland die Bürger, denen der Krieg ohnedies Drangsale genug bringt, in dem Kreise ihrer Arbeit zu schonen und zu schützen. Das sich veredelnde Kriegsrecht hat den Krieg ritterlicher gemacht. Das Recht steht auch hier und hier sichtlicher als irgendwo, auf dem Grunde der Ethik.

Ein großer Theil des Völkerrechts ist ungeschriebenes

Recht, im sittlichen Einverständniß der Völker entsprungen und
gewachsen, ohne Satzung, ohne äußern Schutz. Ein anderer
Theil beruht auf Verträgen und auf Verpflichtungen, wie sie
namentlich durch Friedensschlüsse gegenseitig übernommen und
zwischen einzelnen Staaten oder allgemein anerkannt sind; er
ist insofern geschriebenes Recht. Da durch solche gegenseitige
Verpflichtungen das Bewußtsein des Rechts erhöht, da es durch
den ausdrücklichen Beitritt des eigenen Willens verstärkt und
durch das verpfändete Wort besiegelt wird: so ist es im Allgemeinen ein Fortschritt des Völkerrechts, wenn in ihm ungeschriebenes Recht in geschriebenes verwandelt wird. Dann
nimmt das Völkerrecht zugleich eine präcisere Form an und
sein positiver Bestand wächst.

Es ist eine mißliche Lage des Völkerrechts, daß keine
höhere Hand da ist, die es schützt. Niemand ist verbunden,
sich des Geschädigten anzunehmen; es ist ihm überlassen, sein
Recht auf seine Weise zur Geltung zu bringen. Retorsion
und Repressalien werden ihm als Mittel überlassen, um Furcht
zu erregen und durch Furcht vor einem Gegendruck der Gewalt
seinem Recht Ansehen zu verschaffen. Aber Retorsion und Repressalien, die keinen andern Zweck haben, als zu schrecken, ins-
besondere die letztern führen in ein System einander bis zur
Barbarei überbietender Gewaltthätigkeiten. Sie geben selten Aussicht, den Frieden zu wahren oder herzustellen. Vielmehr reizen
sie zu neuem Unrecht und verbittern die Völker in steigendem
Haß. Daher muß jeder Act, der die Bürgschaft für Unver-
brüchlichkeit des Völkerrechts erhöht, willkommen sein.

Die Weiterbildung des Völkerrechts ist das wohlthätige
Werk von Staatsverträgen, namentlich auf Friedenscongressen.
Im frischen Andenken an das gewaltthätige Unrecht, das im
Kriege mächtig wird, haben die Regierungen in solchen Zu-

sammenkünften auf positive Vereinbarungen gesonnen, um das Uebel in bestimmte Grenzen zu weisen. Der Pariser Frieden, der im Jahre 1856 den Krimkrieg schloß, hat zuletzt, unseres Jahrhunderts würdig, unter den europäischen Mächten wesentliche Grundsätze zur Anerkennung gebracht. Ihm verdanken wir es z. B., daß in dem Kriege dieses Jahres kein Kaper das Meer beunruhigte und nicht, wie sonst, auf offener See freibeuterischer Krieg von Privaten mit Privaten geführt wurde. Das Völkerrecht ist in jedem Kriege gefährdet und wird in der entflammten Leidenschaft der Völker leicht verletzt. Aber es steht unter der Wache der Gemeinschaft und in jedem Friedensschluß muß es sich von Neuem bestätigen, damit seine Geltung sich befestige.

In diesem Zusammenhang mag es nicht ungelegen sein, die Handlungen der Staaten, die uns in dem letzten Kriege als eine Verletzung des geschriebenen oder ungeschriebenen Völkerrechts erschienen, ins Auge zu fassen und zu fragen, ob und wie für die Zukunft durch gemeinsame Vereinbarungen Abhülfe könne geschafft werden.

IV. Es ist eine Lücke im Völkerrecht und wird es nach den angestellten Betrachtungen ewig bleiben, daß das Völkerrecht keine genügende Mittel besitzt, einen Krieg der hartnäckig gewollt wird, zu verhindern, selbst wenn er der ungerechteste von der Welt ist. Aber waren in diesem Jahre die Mittel versucht und erschöpft, die möglicher Weise den Willen noch wenden konnten? Die Einfädelung der Händel, die Frankreich suchte, war von vorn herein wie auf eine Explosion angelegt, zu der niemand helfend hinzutreten kann. Jede mögliche Vermittelung wurde in dem entzündlichen Verlauf, den Frankreich seinen Beschwerden und Forderungen gab, unmöglich. Es hat nicht an Stimmen gefehlt, daß darin die französische Regierung den 8. Artikel des Pariser Friedens vom Jahre 1856 und somit das vertragsmäßige positive Völkerrecht verletzt habe. Der Artikel lautet:*) „wenn wider Erwarten zwischen der Pforte und den diesen Friedensschluß unterzeichnenden Mächten (Frankreich, England, Rußland, Oesterreich, Preußen, Italien) eine Mißhelligkeit entstünde, welche die Aufrechthaltung ihrer gegenseitigen Beziehungen bedrohen würde, so wird die Pforte und jede dieser Mächte, ehe sie zur Anwendung der Gewalt ihre Zuflucht nehmen, die andern den Vertrag schließenden Mächte in den Stand setzen, den äußersten Schritten durch ihre Vermittelung zuvorzukommen." Dieser Artikel hat nur einen besonderen Fall, die Verwickelung der s. g. orientalischen Frage, im Auge und es wäre eine unberechtigte Erklärung, wollte man ihn auf einen Krieg zwischen Frankreich und Deutschland ausdehnen. Zwar erklärte, zufolge des betreffenden Protokolls vom 14. Apr. 1856 (no. 23, S. 765) auf dem Friedenscongresse der Vertreter Englands den Wunsch, daß die Bestimmung verallgemeinert und zu einer Schranke gegen Conflicte überhaupt ausgebildet werde. Auch trat der Vertreter Frankreichs dem Wunsche bei, jedoch mit dem Zusatze, daß für die Regierungen der Artikel der Freiheit der Handlung auf keine Weise hinderlich sei. Durch diese Erklärung blieb die Thür offen, um im einzelnen Falle, wenn es beliebte, zu entschlüpfen. Englands weitergehender Wunsch ist nicht Bestandtheil des Friedensschlusses; und da es bei dem Wunsch blieb, so ist es unrichtig, daß Frankreich durch die Bestimmungen des Pariser Friedens gehalten war, als die Differenz schwebte, die Vermittelung der übrigen Mächte zu veranlassen.

---

*) Charles Samwer, nouveau recueil général de traités. Bd. XV. 1857. S. 774.

War nun damit einer Macht, wie Frankreich, die Freiheit gegeben, den friedlichen Nachbar mit einer Kriegserklärung zu überfallen und die Welt mit einem Kriege zu überraschen? Frankreich hatte die Freiheit, weil es sie sich nahm. Hatte das Völkerrecht kein Mittel dagegen?

An unsrer Zeit ist die Richtung auf das Internationale charakteristisch. Die Völker wollen einander in allem Guten die Hand geben; statt sich gegen einander ausschließend zu verhalten, suchen sie in richtiger Wechselwirkung größern Vortheil. Staatsverträge arbeiteten in diesem Sinn seit längerer Zeit, wie z. B. wenn sie in Wissenschaft und Litteratur, in Kunst und Gewerbe gemeinsam gegen den Nachdruck das Recht der Urheber wahrten, oder wenn sie, wie bei den Eisenbahnen, den Verkehr der Personen und den Tausch der Erzeugnisse von Land zu Land erleichterten, oder wenn sie, wie in den Telegraphenketten, für die Mittheilung von Bestellungen und Nachrichten die Grenzen der Länder aufhoben, oder wie bei den Posten Sendung von Briefen und Ueberweisung von Geld gemeinsam zur größten Höhe der Leichtigkeit und Sicherheit brachten, oder wenn sie den gegenseitigen Handel begünstigten, oder, wie z. B. gegen entflohene Verbrecher, in der Handhabung des Rechts einander unterstützten. Frankreich pflegte scheinbar mit Vorliebe diese internationalen Beziehungen. Mitten im Krimkriege repräsentirte die Pariser Weltausstellung den friedlichen Wetteifer der Nationen. Die Interessen der Völker wuchsen in einander; die Individuen der verschiedensten Länder lernten einander vertrauen. So wirkte die internationale Verständigung auf die Befreundung der Nationen. Aber plötzlich warf Frankreich diese Friedensmaske ab und der angekündigte Krieg trieb weiterhin seine zerstörenden Wirkungen.

Jeder Ausbruch eines Krieges erschüttert den Credit, der,

von dem Vertrauen zu der Sicherheit der Staaten getragen, sich über die ganze durch den Handel verbundene Erde hinzieht. Wenn sich der Krieg vorhersehen läßt, so ist die verderbliche Wirkung geringer. Wie der Schiffer bei nahendem Sturm die Segel einzieht, vermag der Handel in solcher Zeit sich zurückzuhalten und Gefahren zu vermeiden. Anders ist es, wenn der Krieg wie in diesem Jahre die Welt überrascht. Deutschland fürchtete seit Jahren die heimtückischen Anschläge Frankreichs. Klug ging es jeder Veranlassung zum Bruch des guten Einvernehmens aus dem Wege, und der Entwickelung im Eigenen froh, gab es nach, so weit es ging. Frankreich heuchelte friedfertige Gesinnungen, es verkündete im gesetzgebenden Körper, daß nie der Frieden gesicherter gewesen. Nicht das leiseste Wölkchen stand als Wetterzeichen am Himmel, aber der Sturm brach ein. In 8 Tagen brachte Frankreich es fertig, die Sicherheit des Friedens, in welche die Welt eingewiegt war, in die Verwirrung und Unruhe zu verwandeln, welche der an die Thür anpochende Krieg erzeugt. Die Ueberraschung sollte dem Siege dienen. Außer dem eigentlichen Unrecht, daß das Nachbarvolk aus einem Verstecke überfallen wurde, zeigte sich bald das Unrecht, das in dieser Handlungsweise ebenso gegen die andern Völker lag. Denn die Seitenwirkungen auf die andern Länder wurden sogleich fühlbar. Die neutrale Schweiz rief ihre Bürger von der Arbeit und besetzte ihrer Selbstständigkeit eingedenk, zur Wahrung ihrer Neutralität, mit 50000 Mann die Grenzen. Sie bezahlte in dem Verlust erwerbender Arbeit, in den Kosten des Aufgebots einen theuern Preis für die fremden Kriegsgelüste. Dem neutralen Belgien ging es ähnlich. Kann den Staaten Ersatz ihres Aufwandes werden? Die Hoffnung auf dauernden Frieden hatte große gemeinsame Unternehmungen aller Art erzeugt. Die Verpflichtungen für dieselben, die auf sicheren Credit gerechnet hatten, blieben nun in eintretender Geldkrisis unerfüllt; die Unternehmungen stockten und mit ihnen die Arbeit. Die Börsen gaben täglich Zeichen wirklicher oder erwarteter Verluste. In dem heftigen Sinken der Werthpapiere gingen an den Börsen der weiten Handelswelt ungeheure Summen verloren. Nur diejenigen, welche dem Geheimniß des um jeden Preis beabsichtigten Krieges nahe standen, konnten sich auf Kosten derer, die, namentlich außer Landes, dem Frieden trauten, also auf Kosten Ueberlisteter, vor Schaden hüten; und nur Männer, welche die Ereignisse machten, konnten gewinnen, wenn sie die Wirkung auf den Geldmärkten voraussehend, wie Spieler, welche die Karten zu ihrem eigenen Vortheil zu mischen verstehn, in dem von den allgemeinen Strömungen der Hoffnung und Furcht bewegten Börsenspiele einsetzten.

So hatte der überraschende Krieg, ehe noch die ersten Granaten geschleudert wurden, bis in weite Entfernungen für den Wohlstand Vieler böse Folgen.

Wenn jeder souveraine Staat das Recht hat auf seine Hand Krieg zu erklären, wenn also Ein Staat, Ein Regent, der sich die Macht zutrauet, im Stande ist einen solchen Stoß selbst gegen die Wohlfahrt der Bürger in den unbetheiligten Staaten zu vollführen, so erhellt die Pflicht der andern souverainen Staaten, gegen einen solchen gewaltthätigen Eingriff das Nationalvermögen ihres Landes zu schützen. Es würde geschehen, wenn sie einer ähnlichen Ueberraschung vorbeugen könnten. Geschieht es im Völkerrecht? Hat es dazu die Mittel? — Da wir vergebens nach einem solchen suchen, so ist an dieser Stelle, welchen Begriff des Rechts wir auch zum Grunde legen mögen, eine Lücke im Völkerrecht. Wenn nach Kant das Recht als Recht, also auch das Völkerrecht, die Aufgabe hat, die Bedingungen vorzusehen, daß die Freiheit des Einen mit

der Freiheit des Andern nach einem allgemeinen Gesetz bestehen
könne, so erkennen wir hier eine Lücke im Völkerrecht; denn wo
gäbe es einen gewaltthätigeren Gebrauch der Freiheit des Einen
Staats gegen die Wohlfahrt der unbetheiligten andern? Oder,
wenn das Recht als Recht, also auch das Völkerrecht, die Aufgabe hat die Bedingungen zu wahren, unter denen sittliches
Dasein, erworbene sittliche Güter sich erhalten und gedeihen:
so erkennen wir auch nach dieser Auffassung die Lücke im Völkerrecht; denn aus fremder Machtvollkommenheit bricht in diesem
Falle die Zerstörung in Unbetheiligte ein. Es ist die radikale
Lücke im Völkerrecht, daß überhaupt Krieg ausbrechen kann;
wenn diese, wie wir sahen, weder vermeidlich noch heilbar ist,
so fragt es sich, ob die zweite Lücke, durch die es geschehen
kann, daß der Krieg, wie in diesem Jahre, ein friedfertiges
Volk überfalle und, die Welt überraschend, sein Verderben in
vermehrtem Maße auf Unbetheiligte ausschütte, zu demselben
Eingeständniß nöthigen.

Die absichtliche Ueberraschung ist das Unrecht. Wenn
der Kriegsfunken, Allen fühlbar, unter der Asche glimmt, wie
bei fortgesetztem Streit der Völker um einen zweifelhaften Gegenstand, oder wenn es gilt, der List zuvorzukommen, wie etwa
beim Anfang des siebenjährigen Krieges, kann von einer ab-
sichtlichen Ueberraschung nicht die Rede sein.

Der Vorschlag eines völkerrechtlichen Schiedsgerichtes würde,
wie oben gezeigt wurde, der Lage der Sachen nicht entsprechen.
Aber statt des Richterspruchs wird vor jedem Krieg ein Versuch
zu gütlicher Ausgleichung den betheiligten wie den unbetheiligten
Völkern gegenüber eine Pflicht der Regierungen sein. Das
Völkerrecht bedarf daher der Verpflichtung der Staaten, daß
sie, ehe sie ihre Conflicte mit den Waffen austragen, eine Vermittelung zu gütlicher Ausgleichung suchen und annehmen wollen.

Sollte ein solcher Versuch mißlingen, so ist wenigstens der Ueber-
fall und die verderbliche Ueberraschung verhütet.

Dieser völkerrechtlichen Verpflichtung der einzelnen Staaten,
die unter der Obhut der Gesammtheit der verbundenen Stände,
müßte ein Organ entsprechen, das die schwebende Sache ver-
handelte, ein völkerrechtlicher Ausschuß, aus Abgeordneten der
einzelnen Regierungen, Männern von Einsicht und Ansehen gebildet. Eine solche Vorverhandlung würde die öffentliche Meinung aufklären und die Frage über Neutralität oder Betheil-
igung, welche sich zu Anfang der Kriege erhebt, würde sich
sicherer entscheiden. Es ist gut an Gegebenes anzuknüpfen.
Der Vorschlag des englischen Botschafters auf dem Friedens-
congreß zu Paris vom Jahre 1856, als Wunsch gefaßt, geht
auf dieselbe gütliche Ausgleichung. Frankreich trat lobend bei,
aber wollte freie Hand behalten, was freilich mit keiner bin-
denken Pflicht zusammengeht. Möge die grausige Erfahrung
dieses Jahres die Staaten zu diesem völkerrechtlichen Mittel,
Kriege zu vermeiden und Ueberraschung zu verhüten, geneigter
machen. Ein solcher völkerrechtlicher Ausschuß wird in einer
Zeit, in welcher das Internationale überwiegt, auch in
andern Richtungen nützen. Vorurtheile stehen der Ausführung
entgegen. Die Staaten fürchten Einmischung Fremder und
wollen der Selbstbestimmung, der Souverainität nichts vergeben.
Indessen werden alle Staaten durch die Erhaltung des Friedens
oder durch die Verhütung der Ueberraschung mit einem Kriege
mehr gewinnen, als durch eine solche Verpflichtung verlieren.
Von strategischer Seite wird man der Möglichkeit, mit einem
Kriege den Nachbar zu überraschen, als einem kriegerischen Vortheil nicht entsagen wollen. Aber eine Sicherung der Friedens-
arbeit wiegt mehr als ein solcher vorübergehender Vortheil für
den Krieg. Es ist wichtig, den Völkern eine Frist zu schaffen,

in welcher gegen die aufgeregte Leidenschaft die friedlichen
Stimmungen sich sammeln können. Welche Schrecken sind durch
diesen Krieg der Ueberraschung über zwei Nationen gekommen,
welches Elend über das erhitzte Frankreich! Es ist wichtig,
daß Vermittelungen, welche eine plötzliche Kriegserklärung rasch
abschneidet, ein freier Raum gewährt werde.

V. Der Ausbruch des Krieges führte den Beobachter auf
weitere Lücken im Völkerrecht. Denn obschon England sich neutral
erklärt hatte, wurden zur Zeit, da die französische Flotte in
die Nordsee und Ostsee auslief, Handlungen englischer Unterthanen bekannt, welche dieser Neutralität zu widersprechen schie-
nen. Man hörte von dem Unternehmen einer englischen Gesellschaft, für die französische Flotte einen unterseeischen Tele-
graphenkabel von Calais nach Jütland zu legen, von Verträgen
englischer Rheder, Dampfschiffe zur Beförderung der Kriegsbedürfnisse, z. B. Steinkohlen, zu vermiethen, von Verträgen
über Kohlenlieferungen an die französische Flotte, von Verträgen
mit englischen Fabriken über Anfertigung und Lieferung von
Gewehren und Munition für das französische Heer. Als die
deutschen Siege einem großen Theil der französischen Streitmacht die Waffen aus der Hand genommen hatten, nahmen
englische Fabriken die Bestellung an, in kurzer Frist der französischen Regierung Gewehre und Patronen zu liefern, die Thatsachen, deren eigentlicher Kern zugegeben wird, finden sich in
den Denkschriften des Botschafters des norddeutschen Bundes,
namentlich in der vom 8. Oktober. Darnach sind allein in den
letztverflossenen 9 Tagen 120—160,000 Feuerwaffen aus England nach Frankreich verschifft; die englische Regierung hielt in
ihrer Antwort diese Angabe für zu hoch, ersetzte sie aber durch
keine genauere Zahl. Ein englisches Blatt schätzte nach der Mitte
des September die Zahl der in England für Frankreich in

Arbeit begriffenen Büchsen auf 400,000, der Patronen auf 30 Millionen. Mag die Genauigkeit dieser Zahlen auf sich beruhen, auf jeden Fall handelt es sich um Zufuhr von Waffen in großen Massen. Zu Anfang des Kriegs hatte ein englischer Minister gesagt: „wenn ich meinem Feinde das Schwert entwunden habe und der Zuschauer giebt ihm eine neue Waffe in die Hand, so kann er nicht darauf Anspruch machen, im Kampfe für neutral zu gelten." Diese im Bilde bezeichnete Lage war wörtlich eingetreten, aber die englische Regierung ließ nach wie vor die Ausfuhr von Waffen nach Frankreich gewähren, obgleich sie, wie sie schließlich einräumte, durch ein bestehendes Gesetz ermächtigt war, in einem Falle dieser Art nach Umständen die Ausfuhr zu verbieten. Der Widerspruch wurde aller Orten gefühlt. Dasselbe England, das sich für neutral erklärt hatte, ließ es zu, daß seine Fabriken zu einem Arsenal für Frankreich wurden. Selbst im englischen Volke regten sich Stimmen dagegen. Die Liverpooler Handelskammer that bei der Regierung wie bei dem Kaufmannsstande einen ehrenwerthen Schritt, der die Wahrung der Neutralität über die Vortheile der Industrie und des Handels stellte. Die Regierung blieb dabei. Sie berief sich auf das bestehende Recht der Neutralität. Indem sie zugab, daß Waffenzufuhr Contrebande sei, lehnte sie die Pflicht ab, die Ausfuhr zu verbieten; sie hielt es für eine Sache der verletzten kriegführenden Partei, der Zufuhr thatsächlich zu wehren und gab daher Deutschland anheim, jeden einzelnen Fall einer solchen Contrebande vor seine Prisengerichte zu ziehen; zugleich begründete sie ihr Recht durch das Verfahren Preußens im Krimkriege, da es in Rußland Kriegscontrebande eingeführt und Durchgang von Waffen durch sein Land nach Rußland gestattet habe. In Deutschland empfand man es bitter, daß England, einst der treue Bundesgenosse gegen napoleonisches

Unrecht, bei der Erneuerung desselben Frevels, einer Missethat
gegen die Menschheit, nicht nur neutraler Zuschauer bleiben
wolle, sondern als solcher leide, daß seine Fabriken Frankreich
mächtig unterstützen und zu weiterem Widerstand befähigen.

Ueber die Moral war kein Zweifel, aber das Recht war
ungewiß; wenn es das ist, so liegt darin ein Mangel im
Völkerrecht.

Was an und für sich Recht sei und Recht werden müsse,
ergiebt sich leicht. Jeder Staat steht nach außen, zumal im
Kriege, als Ein Wille da. Als Gesammtwille hat er für den
Theil, also auch für seine Fabriken einzustehen. Er würde in
sich zwiespältig, wenn der Gesammtwille neutral zu sein erklärte,
aber ein Theil den Krieg unterstützte. Ein solches Mißverhältniß, wenn auch scheinbar eine Freiheit der Bürger, ist sonst
nur in Staaten möglich, die innerlich schwach sind. Will ein
Staat in andern Dingen dergleichen im Inneren dulden, so ist
das seine Sache, nach außen hat er Verbindlichkeiten gegen
Andere. Es erwächst hieraus die Pflicht, daß der neutrale
Staat für das neutrale Verhalten seiner Unterthanen Gewähr
leiste; es ist seine Pflicht, dafür zu sorgen, daß seine Unterthanen keine Contrebande ausführen. Es heißt in das Völkerrecht die Gunst und Ungunst politischer Parteien und politischer
Zeitströmungen hineintragen, wenn in einem Fall, wie der vor-
liegende, eine Regierung nur ermächtigt und nicht verpflichtet
ist, Waffenausfuhr zu verbieten, wenn also der Gegenstand
einer Verbindlichkeit von den Umständen abhängig und nur
gestattet wird.

Freilich will man hier unterscheiden. Ein englischer Staatsmann sprach sich dahin aus, daß zwar die Bewaffnung und
Einrichtung von Truppen und die Ausrüstung und Bewaffnung
von Schiffen für eine der kriegführenden Parteien nicht zu

dulden sei, aber darüber hinaus gehe die Pflicht der Regierung zum Eingriff nicht. Wo ist hier eine berechtigte Grenze? Eine Waffenzufuhr in Masse an ein durch Siege zu einem großen Theil entwaffnetes Volk gilt der Bewaffnung von Truppen mindestens gleich.

Die belgische Regierung belegte Waffensendungen nach Frankreich mit Beschlag, die englische ließ sie ungehindert frei. Durfte England thun, was Belgien unterlassen mußte? Man sollte denken, was dem neutralen England recht war, das war dem neutralen Belgien billig. Wo liegt der Unterschied zwischen beiden? Wollte man ihn darin finden, daß in Belgien die Waffenschmiede durch den deutschen Arm erreichbar, hingegen in England unerreichbar war, so gründete man den Unterschied nicht auf das Recht, sondern auf die Machtstellung, und es bewiese, wie leicht ungewisses Recht für Neutrale einen Krieg herbeiziehen kann.

England zeichnet sich durch den Schutz aus, den seine Macht jedem seiner Bürger, dem angesehensten wie dem geringsten, im Auslande gewährt. Wo ein Engländer in der Fremde verletzt ist, wäre es auch nur in der Meinung der Engländer selbst, da hält sich in dem Einen die Nation verletzt, die öffentliche Meinung regt sich und der Staat fordert Genugthuung. Wer sähe darin nicht die Größe und die Stärke eines in seinen Gesetzen compact verbundenen Volkes? Aber die Gegenforderung bleibt gerecht, daß nun dasselbe England seinen Staatsbürgern keine Verletzung der Fremden gestatte, geschweige die verderblichste Unterstützung eines Feindes, obgleich der Staat Neutralität erklärt hat.

Die Ethik der Sprache, wie sie sich in einzelnen Ausdrücken gemeinsam in Europa und Nordamerika gebildet hat, verdankt der englischen Nation den Begriff eines gentleman, der zwar sehr unbestimmt ist, aber in seinem Wesen das Edle eines freien mit sich selbst einigen, alles Niedrige von sich ausschließenden, wahrhaften Charakters zur Grundlage hat. Im Sinn dieses nationalen Begriffs äußerten sich auch in dieser Angelegenheit zur Befriedigung Europa's öffentliche Stimmen, und diesen Charakter wahrten diejenigen Leiter der großen Verkehrsanstalten, welche den Transport der Waffensendungen versagten, oder die Fabriken, welche die französischen Aufträge zu eigenem Nachtheil von der Hand wiesen. Deutschland erkannte in diesen Zügen das alte England wieder. Wäre hingegen das eingehaltene Verfahren der englischen Regierung richtig, so wären wir zwar immer bereit, den englischen gentleman hochzuachten, aber Großbritannien, der Staat, hörte auf ein solcher zu sein, und doch ist an sich der Staat, als Mensch im größten Stil, berufen, den Begriff des nationalen Wesens vorleuchtend zu erfüllen.

Man räumt ein, daß nach dem Völkerrecht Waffen und Munition zwar Kriegscontrebande seien, aber man setzt hinzu, Kriegscontrebande seien solche Gegenstände, welche zwar die kriegführende Macht das Recht habe zu nehmen und zu confisciren, aber deren Zufuhr zu verbieten der neutrale Staat nicht gehalten sei. Diese Distinction hatte England im Sinne, da es Preußen auf die Prisengerichte seines Landes verwies, durch die es Schiffe mit solchen Ladungen könne confisciren lassen. Die Regierung der vereinigten Staaten scheint dieselbe Unterscheidung bei Einschiffungen in nordamerikanischen Häfen vor Augen zu haben.

Es ist dies die Distinction der Seestaaten, der Seemächte. Zwar hat die englische Regierung die Ansicht ausgesprochen (Denkschrift vom 21. Okt.), daß bis zum Ausbruch des Krieges das von ihr eingehaltene Verfahren bei den Kriegführenden selbst, also auch bei den Deutschen, Theorie und Praxis gewesen. Diese Behauptung dürfte indessen, was die Theorie betrifft, eine Einschränkung fordern, indem z. B. ein so namhafter Lehrer des Staatsrechts wie Bluntschli in seinem 1868, also vor dem Kriege erschienenen Werke „das moderne Völkerrecht der civilisirten Staaten als Rechtsbuch dargestellt" § 766, anders urtheilt. Nachdem des Präsidenten Jefferson Erklärung vom Jahr 1793 mitgetheilt ist: das Recht der Bürger, Waffen zu bearbeiten, zu verkaufen, auszuführen, könne nicht durch einen fremden Krieg aufgehoben werden; aber die amerikanischen Bürger üben dasselbe auf ihre Rechnung und Gefahr aus: wird diese Maxime nur für die Verschickung von Waffen im Einzelnen und Kleinen zugegeben, aber der neutrale Staat für verpflichtet erklärt, Waffensendungen im Großen, welche nach den Umständen als Kriegshülfe erscheinen, auf seinem Gebiete möglichst zu verhindern. In der That hat der Präsident Jefferson schwerlich den Bürgern der vereinigten Staaten Nordamerika's Waffensendungen in Masse an einen der kriegführenden Theile frei geben wollen. Er kann eine solche in jener Erklärung kaum gemeint haben, wenn anders die Anfertigung der Waffen in solchen Mengen und in kürzester Frist erst durch die Industrie der neuern Zeit möglich geworden.

Das Recht der Neutralität ist im Seekriege entstanden oder doch ausgebildet; und daher sind die Mächte, die auf ihre Landmacht angewiesen sind, im Nachtheil. Was die Neutralität verletzt, was nicht, das wird nach innerer Nothwendigkeit dasselbe sein müssen für die Mächte im Innern des Festlandes wie für die Mächte an der See. Nur bei Contrebande, die zur See zugeführt wird, ist jene Abwehr des Unrechts, welche den kriegführenden Theilen zugewiesen wird, überhaupt möglich. Nur im Seekriege und zur See ist ein solches Abfangen von

Zufuhr an den Feind, eine solche Prise und demgemäß ein
Prisengericht denkbar. Selten, sehr selten wird sich auf dem
festen Lande eine ähnliche Gelegenheit bieten. Wo das neutrale
Land, in dessen Werkstätten Waffen und Munition für den
Einen kriegführenden Theil bereitet werden, unmittelbar an dessen
Landesgrenzen stößt, wird man schon Wege finden, um sie da
in sein Land zu bringen, wo die Grenzen noch nicht von der
entgegenstehenden Streitmacht besetzt sind. Waffenhändler Spa-
niens z. B. hätten auf dem Landwege ihr feindliches Geschäft
nach Frankreich treiben können, ohne ihre Contrebande einer
Gefahr auszusetzen.

Wenn die belgische Regierung nicht auf die Gewehrfabriken
des Landes wachsam gewesen wäre, so würden, wenigstens in
einem frühern Stadium des Krieges, Waffen und Munition bei
Nacht und Nebel leicht über die französische Grenze gegangen
sein. Deutschland hätte die Contrebande nicht abfangen können.

Die Lücke im Völkerrecht erscheint deutlich, wenn mit dem
bestehenden Recht zwar im Seekrieg einigermaßen, aber kaum
im Continentalkrieg eine Abwehr der Contrebande möglich ist,
wenn das bestehende Recht in einem Kriege dem einen Theil
(Frankreich) nach seiner geographischen Lage die Verhinderung
von Contrebande möglich macht, den andern (Deutschland) dagegen wehrlos läßt.

Abgesehn von dieser Ungleichheit, liegt das Mißverhältniß
in der Sache selbst. Die Contrebande begreift den Verkauf und
die Zufuhr solcher Waaren, welche dem Krieg als solchem dienen.
So lange es anging, daß beim Ausbruch des Krieges die Seemächte unter Androhung der Wegnahme von Schiff und Waaren
über Contrebande Satzungen erließen, denen sich die Neutralen
fügen mußten: warnte der neutrale Staat seine Rheder, aber

hatte nicht die Pflicht, nach fremder Satzung die Zufuhr zu verbieten und zu überwachen. Wenn aber, wie es nöthig ist, der Begriff der Contrebande in seinem Umfang durch gemeinsames Völkerrecht bestimmt wird, so daß in dem, was er besaßt und was er ausschließt, nicht die Satzung, sondern das anerkannte Recht entscheidet, so ist es anders. Dann wird es die Pflicht jedes Staats, zu sorgen, daß seine Staatsbürger dies Recht befolgen. Da die Staaten unter dem Völkerrecht stehen, aber die Individuen unter dem Staat und durch den Staat unter dem Völkerrecht, so müssen sie durch ihren Staat zur Beobachtung dessen, was das Völkerrecht fordert, angehalten werden. Wenn es an sich recht wäre, daß ein Staat sich neutral erklärte, aber den Handel mit Contrebande frei gäbe, so daß er, unverboten, nur ein Risico der Rheder, aber keine Uebertretung wäre, so gäbe es für die listige Politik einer Macht kein bequemeres Mittel als dies, um unter der Maske des Neutralen und als solcher gedeckt, ein wirksamer Bundesgenosse einer kriegführenden Partei zu werden. Es wäre nur nöthig, unter der Hand sich mit den Werkstätten und Rhedern zu verständigen und die Gefahr der Contrebande zu übernehmen. Die Unterscheidung von Zufuhr an Waffen und Munition, die der Staat müsse gewähren lassen, und von Ausrüstung und Zufuhr an Mannschaft, die der Staat zu verhindern habe, ist in neuerer Zeit um so weniger zulässig, als die Fabriken aufs Schnellste arbeiten, ohne Aufenthalt Producte in Masse schaffen und mit Dampfschiffen oder auf den Eisenbahnen in kürzester Zeit zur Stelle bringen. Ist es ein so großer, ist es ein wirklicher Unterschied, ob Bewaffnete von Land zu Land versandt werden, oder ob zwar nur Waffen und Munition geliefert werden, aber die Hände bei der Ausschiffung im Lande bereit sind, sie zu empfangen und zu verwenden?

Offenbar ist hier eine Lücke im Völkerrecht, wenn das bestehende eine so zweideutige Bestimmung in sich birgt.

Es muß die Pflicht zur Anerkennung gebracht werden, daß der neutrale Staat auch seine Staatsbürger neutral halte und darnach die Ausfuhr von Contrebande verhüte. Ohne dies wird das Friedensrecht, das in der Neutralität der Kern ist, nicht gewahrt. Es geht nicht an, das alte Mißverhältniß, um der Freiheit des Handels willen zu vertheidigen. Der Handel muß sich so gut, wie die andern Thätigkeiten im Staate, der Disciplin des Rechts unterwerfen, und er gewinnt dabei. Der Handel ist für den Frieden da, der durch das Recht der Neutralität gefördert wird, und hat nicht den Beruf, die Glut des verheerenden Feuers zu schüren. Zur Rechtfertigung wird Preußens Verfahren im Krimkrieg angeführt, nicht um es anzugreifen oder Wiedervergeltung in Anspruch zu nehmen, sondern um sich darauf nach dem bestehenden Völkerrecht, als auf ein Beispiel des Richtigen, zu berufen. Ein Staatsmann, der gewohnt ist, die Dinge nicht abstract in einseitiger Allgemeinheit zu nehmen, wie es wohl der Jurist thut, sondern in der ganzen Fülle des Besondern und aller zusammenwirkenden Motive aufzufassen, wird schwerlich beide Fälle für dieselben halten. Wären sie aber dieselben, so folgt nur, daß Preußen im Jahre 1856 auf die Weise im Kleinen fehlte, wie 1870 England im Großen. Um so mehr bedarf es einer ernstlichen Verständigung unter den Völkern, damit in Zukunft schreiendes Unrecht verhütet werde.

Die Wohlfahrt eines zuverlässigen Rechtszustandes ist wesentlich durch zweierlei bedingt, erstens durch die Richtigkeit und Schärfe des geltenden Gesetzes und zweitens durch einen Vertrauen verdienenden Rechtsgang zur Entscheidung des entstehenden Streites.

Was das Erste betrifft, so muß es das allgemeine Ziel
sein, daß alles Privateigenthum, vom Kriege, soweit es geht,
unberührt, sicher auf den Handelsstraßen oder über das Meer
gehe, aber eine Unterstützung der Feindseligkeiten ausgeschlossen
sei. Unter diesen Gesichtspunkt ordnen sich auch die obigen
Erörterungen. Aber noch in Einem Punkte bedarf auf diesem
Gebiete das noch ungewisse Recht einer schärfern Bestimmung.
Es ist ein alter Streit, welche Artikel als Kriegscontrebande
gelten sollen. Die Seemächte pflegten bei ausbrechendem Seekriege je nach ihren Interessen zu bestimmen, was Kriegscontre=
bande sei; sie decretirten, was bei ihren Prisengerichten dafür
gelten solle, was nicht. Höchstens erwarben einzelne Staaten
in dieser Beziehung durch Verträge Vortheile, wie Privilegien.
Die Seemächte, die in Seekriegen gern eine Gelegenheit suchten
dem Handel der Neutralen zu schaden und dadurch dem ihrigen
neue Verbindungen zuzuführen, dehnten den Begriff der Contrebande aus und zogen Materialien hinein, welche möglicher Weise
für den Krieg verwandt werden könnten, wie z. B. Eisen,
Kupfer, Schiffsbauholz, Pferde, Lebensmittel aller Art; baare
Geldsendungen, und setzten ohne viele Umstände, wo sie sie in
einem Schiffe vorfanden, eine feindliche Bestimmung derselben
voraus. Umgekehrt geht in denselben Ländern heute von der
Handelsfreiheit das Streben aus, den Begriff so eng als möglich zu fassen und solche Gegenstände nicht in ihn aufzunehmen,
welche nur eine mögliche und nicht eine ausschließliche Beziehung
zum Kriege haben. Ueberdies wird die Ausdehnung des Begriffs je nach der Geschichte der Bewaffnung wandeln. Vor
der Erfindung der Dampfschiffe waren Steinkohlen ein für den
Krieg ziemlich gleichgültiger Artikel; heute sind sie für die
Flotte unentbehrlich. Daher wurde Ausfuhr oder wenigstens
directe Zufuhr von Kohlen zur französischen Flotte von einem

hervorragenden Mitgliede des englischen Parlaments für Verletzung der Neutralität gehalten. Die Frage, ob die Zufuhr
einer Dampfmaschine für Contrebande zu erklären sei, ist verwandt. Viele andere schwierige Fragen grenzen an das Gebiet
verbotener Kriegsunterstützung, z. B. ob und wie weit ein neutraler Staat und seine Bürger sich an einer Staatsanleihe einer
der kriegführenden Parteien betheiligen dürfen. Für die Sicherheit des Rechts bedarf es allgemein anerkannter Bestimmungen
und diese sind zu erreichen, wenn die Mächte den Weg des
Friedenscongresses vom Jahr 1856 fortsetzen.

Ein völkerrechtlicher Ausschuß möge diese Fragen im Frieden
zur Entscheidung bringen, damit im Krieg jeder wisse, woran er
sich zu halten, und keine willkürliche Handhabung der Neutralität
den Völkerzwist weiter trage. Für das in gemeinsamer Zustimmung vereinbarte Recht werden dann alle Staaten einstehen
müssen und dadurch dem Recht Macht leihen.

Auf diesem Wege ist ein positives Völkerrecht für die
Pflichten und Rechte der Neutralen zu erreichen.

Kant hat über Neutralität im Besondern nicht gehandelt,
aber die Consequenz seines Grundgedankens leuchtet ein. Ihm
muß die Wahrung der Neutralität, welche im auflodernden
Kriege den Frieden will, ein Mittel zur Annäherung an die
Idee des ewigen Friedens sein. Statt des Philosophen tritt
uns aus unsrer vaterländischen Geschichte ein anderer Führer
zur Seite, Friedrich der Große, der das von England gegen
den Handel des neutralen Preußen verübte Unrecht mit den
Gründen des vernünftigen Rechts bestritt und für diesen Einen
Fall mit der nachhaltigen Energie seines Geistes gegen das
Herkommen, das sich schon für positives Recht ausgab, glücklich
durchdrang. Schon vor diesem Fall des Völkerrechts aus dem

Jahre 1745, deſſen belehrende und anziehende Verhandlungen in einem akademiſchen Vortrag aus den Acten des Staatsarchivs dargeſtellt ſind*), hatte Samuel von Cocceji, Friedrichs des Zweiten Großkanzler, der die juriſtiſche Seite der Sache bearbeitete, theoretiſch in ſeinem Naturrecht dieſelben Grundgedanken verfolgt. In dieſem Streit der engliſchen auf das alte Seerecht eingeſchulten Kronjuriſten mit den preußiſchen aus der Vernunft der Sache gegen die poſitiven Satzungen anſtrebenden Staatsmännern kamen zuerſt Punkte zur Sprache, welche für das Folgende Werth haben.

Es betrifft dies den oben bezeichneten zweiten Punkt, alſo die Frage, in welchem Rechtsgange das Recht zur Geltung kommen ſoll. Bis dahin war es jedem der kriegführenden Theile überlaſſen, Zuwiderhandelnde aufzufinden, anzuhalten und vor ſeine Priſengerichte zu ziehen, welche über Recht oder Unrecht zu entſcheiden haben. Zur Polizei auf der See, zur Unterſtützung der Seemacht in der Befehdung der etwa zuwiderhandelnden Neutralen ſowie zur Jagd auf Kauffahrteiſchiffe des Feindes dienten die Kaper, private Schiffe, der Seemacht zugegeben, die zum Anhalten und zur Unterſuchung der Handelsſchiffe und zur Aufbringung der Kriegscontrebande ausgerüſtet waren. Wo die Kaperei abgeſchafft iſt, werden auch die Priſengerichte außer Wirkſamkeit treten, denn ſie waren in erſter Linie beſtimmt, zum Schutz oder zum Schein eines Schutzes gegen Willkür und Gewaltthat der Kaper das Seerecht zu vertreten. Gegen die Priſengerichte als ſolche ſind öfter Einwendungen erhoben, aber keiner hat ſie principieller und energiſcher angegriffen als Friedrich der Große. In der That leiden ſie, wenn man

---

*) Monatsberichte der K. Akademie der Wiſſenſchaften 1866, S. 29 ff.: Friedrichs des Großen Verdienſt um das Völkerrecht im Seekrieg.

den Rechtsspruch anderer Gerichte vergleicht, an abnormen Ge-
brechen.

1. Sie sind eingesetzt von einer kriegführenden Partei und
sprechen das Urtheil nach dem von dieser Partei gegebenen Gesetze, nach dem Völkerrecht nur soweit es diese Partei anerkennt.
Dieser in der ganzen Einrichtung wurzelnde Widerspruch zwischen
dem Landesgesetz, dem das Prisengericht verpflichtet ist, und dem
Völkerrecht, das für alle Staaten gelten soll, macht von Grund
aus die Prisenjustiz untauglich, Organ des Völkerrechts zu sein
und als solches dauernde Anerkennung zu finden.

2. Sie urtheilen über fremde Staatsangehörige, über die
sie kein Recht haben. Es ist eine künstliche Fiction, wenn man,
um die Zuständigkeit des Prisengerichts zu rechtfertigen, die
Sache so darstellt, als ob der Nehmende, z. B. der Kaper, der
das Schiff genommen hat, von dem Schiffer, der zum Prisengericht abgeführt wird, belangt werde, was nur vor dem Forum
des Kapers oder des nehmenden Staatsschiffs geschehen könne.
Die Prisengerichte sind vielmehr bestimmt, die Seebeute nach
den über Contrebande gegebenen Satzungen in Eigenthum zu
verwandeln.

Durch dies doppelte Mißverhältniß hat das Prisengericht
die Vermuthung der Parteilichkeit gegen sich; der Schiffer, dessen
Schiff, der Contrebande beschuldigt, aufgebracht ist, nimmt bei
ihnen nur gezwungen sein Recht. Friedrich der Große, der
preußische Schiffe, unter neutraler Flagge fahrend, vor der
Gewaltthätigkeit der Seemacht zu schützen suchte, bestritt das
ganze Institut der Prisengerichtsbarkeit. Da das Meer frei ist,
sagt er, und nicht der Engländer Eigenthum, so gehört das
Schiff als neutrales Gebiet vor die Gerichte des eigenen Landes und nicht vor die Seegerichte Englands. Er bestreitet außer
den Gesetzen, nach denen sie Recht sprechen, die Zuständigkeit

der Prisengerichte. Er ist kühn genug folgerecht zu behaupten, über die aufgebrachten Schiffe seiner Unterthanen können nur seine Gerichte urtheilen. Das Seerecht trägt noch stark die Spuren des Rechtes des Stärkeren an sich. Der Neutrale, der gegen die schlagfertige Seemacht und gegen den Kriegenden der Schwächere ist, muß sich viel gefallen lassen und sein Handel leidet. Friedrich der Große sagt in seiner Ausführung ohne Umschweif: „dieses ist gewiß, daß die englische Nation kein besser Mittel hätte finden können, den Handel der preußischen Unterthanen zu ruiniren." Wenn umgekehrt der Kriegführende keine Seemacht ist, so fehlt ihm das Mittel, die Schiffe der Neutralen, welche verbotene Kriegsbedürfnisse zuführen, zu durchsuchen und anzuhalten und von seinem Prisengericht verurtheilen zu lassen. Er findet, wenn der neutrale Staat die Ausfuhr schützt, kein Recht gegen die Verletzungen. Das ist die gegenwärtige Lage. Von Hugo Grotius bis Heffter haben alle Lehrer des Völkerrechts Zufuhr von Waffen und Munition an einen der beiden kriegführenden Theile für Contrebande erklärt. Darüber kann kein Streit sein. Die Frage ist nur die: wie kommt Deutschland zu seinem Rechte? Die englische Regierung versagt die Verhinderung des Unrechts, aber überläßt es Deutschland den einzelnen Fall vor seine Prisengerichte zu bringen. Der zur See Stärkere verweist den Schwächeren auf ein Mittel, das er nicht besitzt und nicht besitzen will, weil es häufig genug ein Mittel des Unrechts war. Es ist das Wort des Stärkern, der die Herrschaft der Meere besitzt und sich noch der Prisengerichte freut, deren sich geläutertes Rechtsgefühl einst schämen wird. Auf jeden Fall geht aus den Thatsachen hervor, daß der Weg, der Verletzung der Neutralität zu wehren, kein allen Theilen gleicher Rechtsgang ist. Soll daher in das Völkerrecht Wahrheit kommen, so muß ein andrer Rechtsweg als die berufene Prisenjustiz, vereinbart werden. Es ist eines Staates nicht würdig, daß er Neutralität erkläre und seine Unterthanen sie auf die schreiendste Weise brechen. Der Gesammtwille des Staats, der über die Theile übergreift, hört auf das Gesetz zu sein, wenn der Theil ihn verletzen darf. Der Staat hat die Pflicht, wie bei andern Gesetzen, so auch bei den Gesetzen, welche das Verhältniß der Neutralen regeln, dafür zu sorgen, daß sie allgemein befolgt werden. Daher wird die Sache auf folgendem Wege in den Gang sicherer Rechtspflege gebracht werden.

Erstens: Ein völkerrechtlicher Ausschuß vereinbart die Gesetze, welche die Pflichten und Rechte der Neutralen bestimmen, also was Contrebande sei, was Bruch der Neutralität u. s. w.

Zweitens: Jeder Staat übernimmt es, auf dem Wege der Gesetzgebung diese Bestimmungen zu Gesetzen des Staats zu erheben, über deren Befolgung der Staat wacht.

Drittens: Bei ausbrechendem Krieg sind die Gerichte des sich neutral erklärenden Staats an und für sich gehalten, die bestehenden Strafgesetze, sei es auf Beschwerde eines kriegführenden Theils, sei es auf polizeiliche Anzeige, gegen den Uebertreter anzuwenden.

Wenn diese Pflichten der Staaten ehrlich erfüllt werden, so wird die Contrebande aus dem Handel verschwinden, und die dem Handel lästige Durchsuchung der Schiffe auf offener See wird seltener werden; und wenn einst das Vertrauen zur aufrichtigen Durchführung in der Gemeinschaft erstarkt ist, kann es dahin kommen, daß eine Bescheinigung eines neutralen Staats, die die Ladung darlegt und dabei bezeugt, daß beim Auslaufen aus dem letzten Hafen das Schiff keine Contrebande an Bord hatte, den Kriegführenden so genügende Bürgschaft bietet, wie heute die Begleitung durch ein Staatsschiff, um das Handels-

schiff von der lästigen gewaltthätigen Durchsuchung zu befreien.
Aber allerdings wird man dem Kriegführenden das Recht nicht
nehmen können, wo er eine Verletzung der Neutralität auf der
That ertappt, ihr durch die That zu wehren, z. B. durch Aufbringung des Schiffs, das Contrebande führt. Der Geschädigte
wird in einem solchen Falle sein Recht nur bei einem gemeinsam dazu bestellten Gerichtshof suchen können und daraus ergiebt sich noch die letzte Bestimmung, also:

Viertens: Für den Fall, daß ein Staatsschiff der Kriegführenden Kriegscontrebande aufgebracht hat, ist im Frieden durch
gemeinsame Vereinbarung ein bestehender unabhängiger Gerichtshof, der Beschwerden anzunehmen und prompt zu entscheiden
hat, von dem völkerrechtlichen Ausschuß zu bestimmen oder ein
neuer eigens einzusetzen.

Auf diesem Wege läßt sich ein alter Schaden des Völkerrechts heilen und eine Lücke füllen. Wenn Deutschland auf die
Abschaffung der Prisengerichte dringt und diesen Schein des
Rechts für Willkür und Gewaltthätigkeiten dem Seekriege ent-
windet, wenn es einen völkerrechtlichen Rechtsgang fordert, der
dem Wesen des Rechts entspricht: so geht es den Weg Friedrichs des Großen.

Es ist eine ungünstige Lage des Völkerrechts, daß es zwar
Recht heißt, aber kein Richter nach ihm Recht spricht; denn die
Prisengerichte sprechen nach dem Landesrecht und nicht nach
dem Völkerrecht; und wenn man von ihnen verlangt, daß sie
das Landesgesetz mit dem Völkerrecht ausgleichen, so wird in
dieser zweideutigen Aufgabe immer das Völkerrecht den Kürzern
ziehen. Statt in der Hand der Gerichte liegt dies Recht in der
Hand der Diplomaten, die es, je nach dem Fall, den sie vertreten,
herüber und hinüber ziehen und verwenden. Recht und Gericht
gehören zusammen. Ein Recht, dem kein ausübendes unpar-

teiisches Gericht zur Seite steht, verkümmert nothwendig. Erst in der Rückwirkung des gerechten Richterspruchs auf das Verständniß und das Ansehen des Gesetzes gedeiht das Recht.

Je mehr das Völkerrecht mit festen Institutionen auftritt, mit angesehenen Organen, die es in der öffentlichen Meinung hoch stellen, desto zuverlässiger wird es sein, desto mehr wird es dienen den Frieden zu wahren und in Zeiten eines Krieges den Friedlichen das Recht des Friedens zu schützen und die eine wie die andere der kriegführenden Parteien vor Allem zweideutiger Neutralität zu behüten.

VI. Im Anfang des Krieges verordnete das Haupt des deutschen Bundes, daß französische Handelsschiffe von der norddeutschen Flotte nicht weggenommen werden sollen. Frankreich dagegen macht in gebräuchlicher Weise auf norddeutsche Kauffahrteischiffe Jagd und stört den Handel, soweit es dies vermag. Deutschland folgte Friedrich dem Großen, der gegen das Ende seines Lebens in einem mit Nordamerika geschlossenen Handelstractat seine gerechten und freien Grundsätze bekundet. Für den Fall, daß zwischen Preußen und den nordamerikanischen Freistaaten Krieg ausbreche, verpflichten sich beide Staaten gegenseitig, den Krieg weder gegen Kauffahrteischiffe noch zur Unterbrechung des Handels zu führen. Erst durch die Durchführung eines solchen Grundsatzes entäußert sich das Seerecht seiner Hinneigung zum Seeraub, und der Seekrieg nähert sich dem Kriegsverfahren im Landkrieg, der die Friedensbeschäftigungen und das Eigenthum der Bürger schützt und schont, so weit es die Rücksicht auf nothwendige Kriegsbedürfnisse zuläßt. In jenem Vertrage ist das Ziel angegeben, dem das Völkerrecht, sich durch gegenseitige Verpflichtungen der Staaten bindend, zustreben soll. In ihm verständigten sich die alte und neue Welt in ihren größten Männern des vorigen Jahrhunderts, in ihm begegneten einander Friedrichs des Großen freie und hohe Denkungsart und Frauklins philosophische Gedanken.

Einst werden sie siegen. Nur die Seemächte leisten der Zukunft des Völkerrechts Widerstand. Vor allen thut es England, das keinen Vortheil des alten Seerechts aus der Hand geben will. England widersprach, als 1780 die Kaiserin Katharina II. unter den Staaten eine bewaffnete Neutralität stiftete um gerechtere Grundsätze im Seekrieg geltend zu machen. England widerstand, da Nordamerika, um den Artikeln des Pariser Friedens von 1856 beizutreten, die Bedingung stellte, daß alles Privateigenthum, sei es das Eigenthum von Neutralen oder aus den Ländern der Kriegführenden, mit Ausnahme der Kriegscontrebande, sicher und unbehelligt durch das Meer fahre. Als Bremen die Forderung Nordamerika's 1859 wieder aufnahm, fanden sich Stimmen aus dem Handelsstande in England, welche im Interesse des freien Handels die Forderung unterstützten. Aber Lord Palmerston*) erklärte die Frage für eine Frage, in der es sich um das Dasein Englands als Seemacht handele. Eine Seemacht wie England dürfte sich keines Mittels entäußern, um ihren Feind zur See zu schwächen. Wenn England nicht die Matrosen des feindlichen Staates an Bord der Handelsschiffe gefangen nehme, so würde es dieselben Matrosen bald an Bord der Kriegsschiffe zu bekämpfen haben. Dies Argument geht nicht von dem Recht aus, das, wie das Völkerrecht allen Völkern auf gleiche Weise zustehen muß, nicht von den Pflichten, die auch den Kriegführenden binden müssen, sondern von einem ausschließenden Vorrecht Englands auf die Seemacht, welche auch auf Kosten des gemeinsamen Rechts zu

---

*) Heffter, Völkerrecht, 6te Ausg. 1867, S. 470. Vgl. L. Gessner, le droit des neutres sur mer, 1865, S. 430.

behaupten sei. Von einem allgemeineren Standpunkt vertheidigt
man das alte Seerecht, das das Handelsschiff und die Waaren,
aus dem Lande des Feindes, wenn sie genommen werden, für
Seebeute erklärt, indem man anführt, daß ein Druck auf den
Handel ein Druck auf die Nation sei, welcher zur Beendigung
des Krieges stimme, hingegen wenn der Handelsstand des Feindes seine Schiffe und Güter furchtlos versenden könnte, durch
den Wohlstand die Mittel zur Fortsetzung des Krieges wachsen
würden. Wäre ein solcher Grund zulässig, so würde derselbe
dafür sprechen, im Landkrieg nicht Hab und Gut der Privaten
und die Arbeit und den Erwerb der Bewohner des feindlichen
Landes zu schonen, wie doch dahin das in die Sitte aufgenommene Völkerrecht strebt, sondern durch Zerstörung und Ver-
heerung Schrecken und Noth zu verbreiten. Das Recht, das
sich endlich im Völkerrecht Bahn bricht, wird immer dahin gehen,
den Krieg so viel als möglich auf die Mittel einzuschränken,
die unmittelbar dazu dienen, den Willen des feindlichen Staats
zu beugen. Wenn das Völkerrecht im Kriege den Handel
schirmt, und dadurch die friedlichen Beschäftigungen, die sich
im Handel sammeln, hütet, so giebt es auch im Kriege den
ursprünglichen Begriff des Rechts nicht auf, sittliche Thätigkeiten in ihren Bedingungen zu wahren.

VII. Als Frankreich in drei Schlachten die Ueberlegenheit
der Deutschen empfindlich erfahren hatte, trat ein neues bona-
partistisches Ministerium auf die Bühne, wie zur Dictatur berufen um Frankreich zu retten, und verkündigte als Mittel dazu
die Vertreibung aller Deutschen vom französischen Boden, aller,
die als Deutsche, ohne naturalisirt zu sein, in Frankreich leben.
Als Motiv wurden im Erlaß der Polizeipräfectur „Manoeuvre"
angeführt, welche gewisse in Frankreich weilende Ausländer gegen
die Sicherheit des Staats unternommen hätten. Da indessen

der Befehl sich nicht gegen einzelne eines „Manoeuvre" Schuldige wandte, sondern unterschiedsles gegen alle Deutsche gerichtet war und nur Ausnahmen gestattet waren, so lag der Grund anderswo. Vom Haß nach der Niederlage eingegeben, stachelte diese Maßregel den Haß weiter auf und machte ihn gleichsam gesetzlich —, daher war auch Mäßigung, die verheißen wurde, kaum möglich; die Ausführung nahm vielmehr eine entsetzliche Gestalt an, nach öffentlichen Nachrichten drückten die Behörden das Auge zu, wenn in Paris gelegentlich ein Deutscher, der als Deutscher erkannt wurde, in der leidenschaftlichen Bewegung niedergeschlagen wurde. Man schätzte die Zahl der friedlichen Deutschen, die plötzlich Haus und Hof, oder Familienbeziehungen und Geschäftsverbindungen, oder Arbeit und Erwerb, oder Studien für Wissenschaft und Kunst als Vertriebene verlassen mußten, allein im Departement der Seine auf 80,000. Unverschuldetes Elend kam über Einzelne wie über Familien. Die Deutschen, die unter dem Schutz der französischen Gesetze Frankreich betreten hatten, wurden plötzlich in Frankreich rechtlos. Die Schrecken einer Austreibung, Kummer und Noth lassen sich nicht zu Gelde anschlagen, aber allein die materiellen Verluste, welche Deutsche erlitten, wurden von Betheiligten auf eine Milliarde Franken gerechnet.

Dies Verfahren, gesitteten Völkern fremd, wurde vielfach als eine Verletzung des Völkerrechts bezeichnet. In der That ist es eine solche, wenn man das ungeschriebene Recht, wenn man die Moral im Kriegsrecht ins Auge faßt.

Es ist öfter vorgekommen, daß zur Vermeidung von Nachtheilen die Unterthanen eines Staats, der Feind geworden, aus dem Gebiet des entgegenstehenden ausgewiesen sind. Dann geschah es zu Anfang des Krieges vor dem Ausbruch der Feindseligkeiten und unter Gestattung einer billigen Frist für die

Ordnung ihrer Angelegenheiten. In Frankreich geschah es
mitten in der Aufregung nach erlittenen Niederlagen unter den
erschwerendsten Umständen. Die Maßregel wurde allgemein als
ein Gegenschlag, den Haß und Rache erdacht hatten, empfunden.
Die enge Frist von drei Tagen gab den Deutschen keine Möglichkeit, ihre dringendsten Geschäfte zu erledigen und für die
zurückgelassene Habe zu sorgen. Sie wurden dem Hasse und
der Noth preisgegeben. Dadurch unterscheidet sich diese Maßregel von den sonst im Völkerrecht gestatteten. Zur Erwerbung eines Gastrechts, sagt Kant in einer oben angeführten
Stelle, gehört ein wohlthätiger Vertrag. Bestand ein solcher
zwischen Frankreich und den Deutschen, die kopfüber aus dem
Lande gestoßen wurden? Die Deutschen, die verjagt wurden,
standen in einem verschiedenen Rechtsverhältnisse zu Frankreich.
Ein Theil war ansässig geworden, ein andrer und zwar der
größere, wie die Arbeiter, hatten dort Dienste gefunden. Alle
aber hatten im Vertrauen zu dem Schutz, den die französischen
Gesetze Fremden gewähren, das Land betreten, alle verweilten
friedlich und leisteten dem Staat, was sie ihm nach dem Gesetze
schuldig waren. In einem solchen befestigten Verhältniß erwarben sie sich wie in stillschweigendem Einverständniß ein
Gastrecht, das in seinem Begriff Schutz und Schonung in sich
trägt und mindestens eine Schädigung, wie die verhängte
Maßregel in großem Umfang nach sich zog, ausschließt. Insofern
ist in diesem Fall eine Verletzung des allgemeinen Völkerrechts
enthalten.

Aber es wird schwer sein das ungeschriebene Recht in ein
solches zu verwandeln, zu welchem die einzelnen Staaten sich
gemeinsam verpflichten.

Die Möglichkeit, den Staat von solchen Elementen der
Bevölkerung zu reinigen, welche ein Einverständniß mit dem

Feind befürchten laffen, wird keine Macht aufgeben können.
Es würde aber vielleicht angehen, dafür eine Verpflichtung zu
übernehmen, daß die Ausweifung nur bei beginnendem Krieg
allgemein verfügt werden folle, und immer mit einer gehörigen
Frift, aber nach Ausbruch des Krieges nicht allgemein und
in Maffe, fondern nach den Umftänden, nur individuell mit
Angabe der Gründe.

Auf jeden Fall würde es bei dem ungewiffen Stand des
Völkerrechts eine Beftätigung des Rechts fein, wenn die Staaten
gemeinfam den vorliegenden Fall für einen folchen erklärten,
welcher das Völkerrecht, fo weit es in der Sitte beftehe, verletzt habe und daher nie als ein pruccedens gelten dürfe.

VIII. Durch die Genfer Convention vom Jahre 1864
verfuchte das Völkerrecht für die Pflege der Verwundeten ein
neutrales Gebiet mitten auf dem Schlachtfelde zu gründen.
Krankenträger und Feldlazarete wurden für neutral erklärt und
als folche in den Schutz der Kriegführenden geftellt. Dies neutrale
Gebiet wurde durch das rothe Kreuz im weißen Felde bezeichnet
und Alle, deren Pflichten in dies Gebiet gehören, tragen dies
Abzeichen. Im Sinne der Menfchlichkeit betrieb es die fran-
zöfifche Regierung eifrig, diefe Uebereinkunft zu Stande zu
bringen. Diefer Schein ihrer Humanität entfprach den civili-
fatorifchen Ideen, die fie bei jeder Gelegenheit als ihren lei-
tenden Gefichtspunkt im Munde führte. Indeffen gleich in
den erften Schlachten bemerkte man, daß die Franzofen das
rothe Kreuz wenig achteten, ja fie fchienen es in einigen Fällen
zum Zielpunkt ihrer Gefchoffe zu nehmen. Man überzeugte
fich in den Lazareten, daß die französifchen Verwundeten, feltene
Ausnahmen abgerechnet, die Bedeutung des rothen Kreuzes und
der weißen Binde gar nicht kannten. Höhere französifche Mi-
litärärzte fo wie gefangene französifche Officiere gaben im Laufe

des Krieges die bestimmte Versicherung, daß die Genfer Uebereinkunft und die aus ihr folgenden Vorschriften über das Verhalten gegen Krankenträger, Aerzte, Verwundete und Lazarete
gar nicht in dem französischen Heere bekannt geworden seien.
Es ist wahrscheinlich, daß diesem Verfahren Hintergedanken, auf
einseitige Vortheile gerichtet, zum Grunde liegen, mögen sie auch
immerhin noch nicht klar hervortreten. Später mußte man in
Frankreich sehr gut von der Convention. Als die Deutschen
gegen Paris vorrückten, schrieb von dort ein englischer Beobachter der Dinge, daß man auf Häusern in Einer Straße mit
Einem Blick 15 weiße Fahnen mit rothem Kreuz zählen könne.
Es war wohl ausgedacht; denn nach der Uebereinkunft deckt
jeder in ein Haus zur Verpflegung aufgenommene Verwundete
das Haus, in dem er sich befindet. Sei dem, wie ihm sei —
eine Verletzung des vertragsmäßigen Völkerrechts liegt darin,
daß die verabredete Einrichtung dem französischen Heere weder
bekannt gemacht noch in dasselbe eingeführt wurde. Es darf
dieser Bruch nicht dahin führen, daß der im Geiste der Mensch-
lichkeit versuchte Schritt, ein Schritt, durch den es geschieht, daß
die im Kriege feindlich einander Gegenüberstehenden in der
Sorge für die Leidenden einander die Hand reichen, wieder
zurückgethan werde. Vielmehr muß die Verletzung zur Be-
festigung führen. Die Soldaten werden im eigenen Interesse
den Vortheil leicht durchfühlen, der in der gemachten Einrichtung liegt, und sie werden die Ausführung unterstützen, mögen
immerhin einzelne Fälle vorkommen, wo die Hast der Schlacht
oder entzündete Wuth Uebertretungen herbeiführen. Es wird
daher nur darauf ankommen, dafür zu sorgen, daß in den
Heeren der dem Vertrage beigetretenen Mächte die Einrichtung
durchgeführt und mit ihr das ganze Heer bekannt gemacht
werde. Es wird möglich sein, wenn zu der Genfer Convention

ein Artikel hinzugefügt wird, der dahin geht, daß sich die Mächte, welche den Vertrag unterzeichneten, verpflichten, zur Zeit des Friedens in bestimmter Frist durch gegenseitig abgeordnete Officiere die allgemeine Durchführung zu controliren und sich controliren zu lassen.

In allen Heeren der gesitteten Nationen wird der Unterricht eine immer größere Bedeutung erlangen und für Alles, was sich der gemeine Soldat aneignen soll, ist die Schule der Unterofficiere von größter Wichtigkeit. Wenn in diesen die Instruktion für die Genfer Convention aufgenommen wird, so wird eine absichtliche Verletzung nicht leicht vorkommen.

IX. Es ist eine Lücke im Völkerrecht, daß es für den Krieg — wenige Bestimmungen der gemeinsamen Verträge ausgenommen — keine für alle Theile verbindliche Rechtssätze giebt. Die Gewalt will im Kriege, um zum Ziel zu kommen, freie Hand haben und daher ist Schonung und Rücksicht allein der Sitte und der Ehre der Staaten überlassen. In der That kommt es, wenn Unmenschliches im Krieg vermieden werden soll, darauf an, das Heer von seinen Führern bis zu dem letzten Mann mit einem sittlichen Geiste zu beseelen, der aus sich das Rechte thut. Gebunden in strengem Gehorsam handelt jeder Soldat, wenn ihm eine besondere Aufgabe zugewiesen wird, frei, der Soldat auf dem Wachtposten wie der Officier mit einem Commando. In jeder dieser Aufgaben ist seiner Einsicht, seiner Beurtheilung, seiner Gesinnung das Größte anvertraut; Leben und Tod, Eigenthum und Freiheit von Menschen liegen in seiner Hand. Daher werden Rechtssätze, wie in einem Rechtsbuch nicht ausreichen, um den Krieg an das Nothwendige zu binden und gewaltthätige Uebergriffe zu vermeiden. Es bedarf der belehrenden Unterweisung und der strengen Gewöhnung Aller, um

die aufgeregte Leidenschaft des Krieges, welche die Energie des
Soldaten befeuert, auch unter der Herrschaft der unterscheidenden
Vernunft zu halten. In den bewährten Heeren wird in diesen beiden Richtungen durch Zucht und Belehrung gearbeitet. Es wird
sich darum handeln, die rechte Unterweisung, soweit sie nicht
technisch ist, sondern den sittlichen Geist der Kriegführung be-
zweckt, zum Gemeingut zu machen. Das Sittliche, seinem Sinne
nach allgemein, kann kein Geheimniß der Heere sein wollen.
Erst wenn die Heere der gebildeten Nationen dasselbe Sittliche
in der Kriegführung anerkennen, wird das ungeschriebene Recht
im Völkerrecht des Krieges, für welches es keinen genügenden
äußern Zwang giebt, zur allgemeinen und lebendigen Gesinnung werden.

Wäre es nun möglich, daß die Nationen in einem völkerrechtlichen Ausschuß sich über diese Seite der Belehrung und
Unterweisung mit einander verständigten, und sich ehrlich ver-
pflichteten, diese Vorstellungen über Ehre und Sittlichkeit dem
Soldaten einzuprägen und in ihm zum Leben zu bringen, so
wäre dies ein Schritt zur Förderung einer Kriegführung, die
durch ihren Geist der Gerechtigkeit und Selbstbeherrschung selbst
den Frieden veredelte.

Wir knüpfen an Gegebenes an. Der Präsident Lincoln
erließ im April 1863 für die Heere der Vereinigten Staaten
von Nordamerika eine Instruktion, unter dem Namen der amerikanischen Kriegsartikel bekannt, welche das Kriegsrecht im
Landkrieg normirt. Ohne der Strenge, die der Krieg erfordert,
etwas zu vergeben, suchen die Bestimmungen das Billige und
Menschliche zu wahren. In den Rechtspflichten, die sie aus-
sprechen, blickt der sittliche Grund hervor und daher ist ihre
Ausübung geeignet, auch das Gefühl für die Pflichten des Ge-
wissens zu vertiefen. Man lese z. B. den Abschnitt über die

Kriegsgefangenen § 49 ff., er belehrt den Soldaten über seine Pflichten gegen sie und über die Rechte, die ihnen zustehen, er lebrt in dem Kriegsgefangenen die Ehre des Soldaten und die Pflicht, die ihn in den Kampf führte, anerkennen. Oder man lese den Abschnitt über das Ehrenwort § 119 ff., über seine Bedeutung und wo es zulässig sei und über die Strenge, wenn es ehrlos gebrochen wird. In beiden Abschnitten giebt sich ritterlicher Geist kund. Die Artikel finden sich abgedruckt in dem um das Völkerrecht verdienten Werk, J. C. Bluntschli: das moderne Völkerrecht der civilisirten Staaten als Rechtsbuch dargestellt, 1868 im Anhang. Wenn wir nicht irren, so entsprechen sie, wie sie denn ursprünglich von einem deutschen Gelehrten in Nordamerika, von Professor Franz Lieber entworfen sind, dem deutschen Geiste. Wenn sie von sachverständigen Officieren aus den verschiedensten Nationen gemeinsam geprüft würden und wenn das vielleicht noch Zweifelhafte (z. B. in § 130) festgestellt und das etwa für Nordamerika Eigenthümliche (Sekt. X über Insurrektion, Bürgerkrieg, Rebellion) ausgeschieden würde, so dürfte kein Hinderniß im Wege sein, diese schöne Arbeit zur Grundlage einer völkerrechtlichen Verpflichtung zu machen, die dahin gehen müßte, durch Unterricht und Befehl dafür zu sorgen, daß diese Bestimmungen von den Soldaten erkannt und geübt werden. Mögen die Staaten, die civilisirt sein wollen, aber Banden wie die Turco's in die Schlacht führen, zusehen, wie sie mit der Aufgabe der Unterweisung fertig werden. Mögen sie die ihnen zugefallene innere Mission der Gesittung getrost mit den Soldaten beginnen und sehen, wie weit sie kommen. Wir wissen wohl, es ist thöricht, einen Mohren weiß waschen zu wollen; aber es ist schon etwas, von seiner Haut den äußern Schmutz im Bade zu lösen. Wir wissen wohl, daß es im Großen und Ganzen bei aller Erziehung zuerst der Natur, der Begabung und Empfänglichkeit durch die Natur, sodann der Gewöhnung durch die Zucht und endlich der Belehrung durch den Begriff bedarf, und es ist fast vergeblich umgekehrt mit der Belehrung durch den Begriff zu beginnen, wenn er an der Natur und der Gewöhnung abprallt. Indessen ist es schon etwas, wenn die Belehrung nur von der Zucht, die die Affekte zügelt, und dem Beispiel unterstützt wird. Dann vermag selbst die in thierischer Rohheit untergegangene natürliche Empfänglichkeit wieder rege zu werden.

X. Wo wir im Vorangehenden ein Mittel suchten, das bestehende Völkerrecht zu hüten oder eine Lücke in seinem Bereich zu füllen, kamen wir in letzter Linie immer auf einen völkerrechtlichen Ausschuß, den die Staaten aus Männern ihres Vertrauens bilden müssen, damit er mit offenem Auge und weiter und tiefer schauendem Scharfblicke die schwierige Aufgabe wahrnehme. Die internationalen Interessen drängen ebenso zu einer bleibenden Vertretung. So ist es im Wesentlichen, wenn auch mit erweiterter Bestimmung, Kants permanenter Staatencongreß, der einer gestaltenden, ihn ins Bestehende einordnenden Hand harrt. Denn an praktischen Schwierigkeiten fehlt es theoretischen Rathschlägen nimmer.

Dahin gehört die Frage, welche Verpflichtung und Stellung der Abgeordnete zu der ihn abordnenden Regierung haben soll. Wo es darauf ankommt, wie z. B. bei der Gestaltung neuer verbindlicher Rechtssätze, Pflichten der Staaten zu normiren, wird er nur im Namen und Auftrag seiner Regierung handeln können. Wo hingegen eine Ausgleichung drohender Conflicte zu versuchen ist, wird der völkerrechtliche Ausschuß eine freiere Stellung haben müssen, ohne daß sich die Beziehung der einzelnen Mitglieder zu ihrer Regierung löst. Weder ihrer Auf-

gabe nach dem dringenden Augenblicke würde es entsprechen,
sie an Instructionen zu binden oder auf Instructionen warten
zu lassen.

An keinerlei Schwierigkeiten der Ausführung darf das
scheitern, was für das große Ziel, das Völkerrecht auszubilden
und die vernünftigen Mittel zum Frieden in keinem Augenblicke unversucht zu lassen, als nothwendig erkannt wird.

Die Sorge für die Fortbildung des Völkerrechts, welche
dahin gehen muß, mit dem Bande des Friedens und des Rechts
die Staaten zu einigen und eine Gliederung der Menschheit wie
zu Einem Leibe vorzubereiten, wird gegenwärtig in die Hand
der deutschen Nation gelegt. Indem sie den ihr aufgedrunge-
nen Krieg mit eigenster Kraft zum Siege hinausführt, empfängt
sie unter den Völkern einen neuen Beruf. Den Frieden lie-
bend, allem Schein abgeneigt, das Geistige pflegend, ist sie berufen, durch deutsches Wesen dem Völkerrecht größere Wahrheit
zu geben.

Kant hat das Ziel auf seine Weise bezeichnet. Die Staaten sollen aus dem ursprünglichen Naturzustande, in dem sie
zu einander stehen, dem Zustand der Gewalt und des Krieges,
heraustreten und unter sich nach der Analogie der bürgerlichen
Gesellschaft eine Genossenschaft des Rechts bilden. In demselben Sinne bestimmt Kant die Gerechtigkeit oder Ungerechtigkeit eines Krieges. Ein ungerechter Feind, sagt Kant*), ist
derjenige, dessen öffentlich (es sei wörtlich oder thätlich) ge-
äußerter Wille eine Maxime verräth, nach welcher, wenn sie
zur allgemeinen Regel gemacht würde, kein Friedenszustand
unter Völkern möglich, sondern der Naturzustand verewigt werden müßte. Dergleichen ist die Verletzung öffentlicher Verträge,

---

*) Rechtslehre, § 60.

von welchen man voraussetzen kann, daß sie die Sache aller
Völker betrifft, deren Freiheit dadurch bedroht wird und die dadurch aufgefordert werden, sich gegen einen solchen Unfug zu vereinigen und dem Feinde des Rechts die Macht dazu zu nehmen.
Auch nach diesem allgemeinen kosmopolitischen Maßstab unseres
Philosophen messen wir Deutsche getrost den gegenwärtigen
Krieg und wissen darnach auch ohne unsere Vaterlandsliebe,
daß der deutsche Krieg von 1870 ein gerechter Krieg ist und
unser Feind ein ungerechter. Aber vergebens erwarteten wir,
daß die andern Völker, deren Freiheit in der Verletzung bedroht war, dadurch aufgefordert würden, sich gegen einen solchen Unfug zu vereinigen. Deutschland steht allein seinen Mann,
und die Welt sieht, daß es auch in sich allein die Macht und
den Willen hat, sein Recht zu schützen. Wenn Kant dem durch
das Unrecht beeinträchtigten Staat das Recht zuspricht, sich
aller an sich zulässigen Mittel, um das Seinige zu behaupten,
in dem Maße zu bedienen, als er Kraft dazu hat; so schränken
die Deutschen gern diese unbeschränkte Machtvollkommenheit zur
Behauptung ihres Rechts durch den andern früher erwähnten
Gedanken Kants ein, daß der Friedensschluß der Völker ein
Versuch sei, die Staatskörper so zu bilden, daß sie sich mehr
und mehr gegenseitig in Frieden erhalten können. Deutschland
sucht keine andere Grenze als solche, welche diesem Zwecke dient.
Es liegt der allenthalben in großer Allgemeinheit gehaltenen
Betrachtungsweise Kants das Nationale fern, das Fichte be-
geistert in die Noth des Vaterlands hineinrief. In ihm sucht
Deutschland seine Kraft und im Wiedererwerb des Nationalen
seine Stärkung. In diesem geistigen Bande, der Gemeinschaft
in Sprache und Sitte, hofft es sich zu kräftigen, seinen Beitrag
zum dauernden Frieden der Welt treu zu erstatten und an
einem würdigen Inhalt des Friedens zu arbeiten.

Wenn Deutschland in einem gerechten Friedensschluß starke
Grenzen erlangt und in seine Volkskraft deutsche Stämme, die,
wenn auch politisch ihm entfremdet, im geistigen Leben sein
blieben, wieder aufgenommen hat, wird es an Veranlassung
nicht fehlen, auch über Deutschland hinaus an die allgemeinen
Bedingungen eines dauernden Friedens zu denken und in dieser
Beziehung das Völkerrecht zu befestigen und zu ergänzen. Dann
mögen Fragen, wie die erörterten, Lücken des Völkerrechts, deren
Folgen unser Volk schwer empfand, nicht außer Acht bleiben.
Aber die Rechtssätze des Völkerrechts thun es nicht, wenn nicht
die rechte Gesinnung der Völker sie trägt.

Alles Völkerrecht geht durch den Macchiavellismus zu
Grunde, der sittliche Begriffe nur so weit achtet, als sie ihm
nützen, und so weit übt, um ihren Schein als Maske zu tragen,
oder sie im Pathos sittlicher Leidenschaft zum eigenen Vortheil
von Andern zu fordern. Diese Politik, im Verkehr mit den
Völkern Feinheit und Klugheit genannt, ist wälsche Art. Es
ist nun der Deutschen Aufgabe, sie aus dem Völkerverkehr möglichst zu vertreiben und durch rechtschaffenes Wesen zu ersetzen.

Hören wir Kants schönes Wort, eine Bedingung zum
ewigen Frieden: „Die Politik sagt ‚Seid klug wie die Schlangen‘,
die Moral setzt als einschränkende Bedingung hinzu — ‚und
ohne Falsch wie die Tauben.‘ Für Kant ist die Moral der
oberste Gesichtspunkt und in diesem Sinne soll sich beides vereinigen. „Obgleich der Satz: Ehrlichkeit ist die beste Politik,
eine Theorie enthält, der die Praxis leider sehr häufig wider-
spricht, so ist doch der gleichfalls theoretische: Ehrlichkeit ist
besser denn alle Politik, über allen Einwurf unendlich erhaben,
ja die unumgängliche Bedingung der Politik selbst.“ Es hilft
nichts, Lücken des Völkerrechts füllen, so lange wälsche Art die
Bestimmungen nicht aufrichtig meint. So lange das Völkerrecht

auf Verträgen beruht, die in demselben Act ihre Beschließung und
zugleich den geheimen Vorbehalt ihrer Uebertretung enthalten,
bleibt, wie Kant sagt, das Völkerrecht ein Wort ohne Sache.

Wenn die geeinigte Macht der deutschen Nation, die in
diesem Jahre die Feuerprobe bestand, dazu in der Weltgeschichte
sich in sich sammelt und verjüngt, daß rechtschaffenes Wesen in
die Handhabung des Völkerrechts komme, und wenn sie ihres
Theils in der Gemeinschaft der Staaten dafür eintritt, so bricht
ein neuer Tag in dem Staatenverkehr an, und das Jahr 1870,
das Jahr des durch die That geeinigten Deutschlands, trägt für
die Verwirklichung der Gedanken Kants eine bessere Vorbedeu-
tung in sich, als das Jahr 1795, das Jahr des Baseler Friedens.
Daher glaubten wir es unserm deutschen Philosophen schuldig
zu sein, an die Ziele, die er dem Völkerrecht stellt, zu erinnern.

11. November 1870.

Druck von Otto Wigand in Leipzig.